[借历史人物的经验，长现代人的心智]

清朝这些人儿

努尔哈赤

昊月清风◎著

戎马生涯数十载：统一女真各部；
励精图治：建立后金政权；
活用军事策略：制定抚蒙政策，推进社会改革；
才能卓越，被誉为一代铁血汗王！

外文出版社
FOREIGN LANGUAGES PRESS

图书在版编目（CIP）数据
清朝这些人儿——努尔哈赤/昊月清风著.
—北京：外文出版社，2011
ISBN 978-7-119-07437-5
I. ①清… II. ①昊… III. ①努尔哈赤（1559~1626）—生平事迹
IV.①K827=49
中国版本图书馆 CIP 数据核字（2011）第 275039 号

策　　划：滑　志
责任编辑：杨春燕 林燕
装帧设计：天下书装
印刷监制：冯　浩

清朝这些人儿——努尔哈赤

昊月清风/著

出版发行：外文出版社有限责任公司
地　　址：中国北京西城区百万庄大街 24 号　　邮政编码 100037
网　　址：http://www.flp.com.cn
电　　话：（010）68320579/68996067（**总编室**）
（010）52100403/56228614（**发行部**）
（010）68327750/68996164（**版权部**）
制　　版：三河市航远印刷有限公司
印　　制：三河市航远印刷有限公司
经　　销：新华书店 / 外文书店
开　　本：700mm×1000mm　1/16
印　　张：13. 25
字　　数：180 千字
装　　别：平
版　　次：2012 年 4 月第 1 版第 1 次印刷
书　　号：ISBN 978-7-119-07437-5
定　　价：29.80 元　　**建议上架：文史 畅销书**

——《清朝这些人》序

历史是一面镜子，当我们对着这面镜子张望时，似乎总能发现一些新的东西，一些看上去像自己又不像自己的人和事儿。

昨天的历史就是今天的我们，今天的我们就是明天的历史。

历史是一个巨大的车轮，而我们都是混迹在这个车轮上的蝼蚁，历史有历史的规则，也有自己的玩法，一个不了解历史的人就像一个盲人一样在历史的车轮上攀爬，危险系数可见一斑。

历史是过去的事情，似乎和我们今天关系不大，事实上，历史和我们的生活紧密相连，那些历史上成就大业的人都是了解历史的人，就是当今在社会有大成就的人，对历史也是如数家珍。

了解历史并不能帮助我们开发软件，也不能帮助我们提高股票的收益，但是历史可以告诉我们应该如何在这个社会上生存，告诉人们如何在众多的软件高手中脱颖而出，告诉人们如何在烟雾缭绕的股市中掌握方向……

了解历史能让人知道大势，而不是告诉人们小情。

一个不掌握大势的人，事情做得再到位，那也是徒劳无功；一个掌握大势的人，即使事情做得有瑕疵，也能事半功倍。

了解历史，是能让我们用最少的精力取得最大回报的好方法。

历史上这些人的成功是我们必须要吸取的经验；

历史上这些人的失败是我们必须要规避的风险；

历史上这些人那时那刻的决定值得我们深思；

历史上这些人那时那刻的犹豫值得我们总结；

……

历史不应该被忽视，更不应该被遗忘，历史上有太多的事情需要我们总结，历史上有太多的人物需要我们去分析。

值得庆幸的是，我发现越来越多的80后开始关注历史，并且开始动手写历史，从当年明月到墨香满楼，又到如今的昊月清风，他们是一个又一个传道士，他们用自己的笔宣扬着历史上的文化，用自己的心昭示着新时代人们对历史的认识和关注……

他们不但继承，更是改变，改变了历史的写法，把历史写得更轻松，写得更幽默，更适合现代人的阅读习惯，但是轻松不是恶搞，幽默不是失实。

新写法中体现出他们对历史的新认识，他们用自己的笔墨让我们感觉历史原来和我如此的接近。

——资深出版商、著名历史研究专家

刘炳良

2008年7月28日于北京

让历史指导我们前行
——《清朝这些人》序

历史是一面镜子，当我们对着这面镜子张望时，似乎总能发现一些新的东西，一些看上去像自己又不像自己的人和事儿。

昨天的历史就是今天的我们，今天的我们就是明天的历史。

历史是一个巨大的车轮，而我们都是混迹在这个车轮上的蝼蚁，历史有历史的规则，也有自己的玩法，一个不了解历史的人就像一个盲人一样在历史的车轮上攀爬，危险系数可见一斑。

历史是过去的事情，似乎和我们今天关系不大，事实上，历史和我们的生活紧密相连，那些历史上成就大业的人都是了解历史的人，就是当今在社会有大成就的人，对历史也是如数家珍。

了解历史并不能帮助我们开发软件，也不能帮助我们提高股票的收益，但是历史可以告诉我们应该如何在这个社会上生存，告诉人们如何在众多的软件高手中脱颖而出，告诉人们如何在烟雾缭绕的股市中掌握方向……

了解历史能让人知道大势，而不是告诉人们小情。

一个不掌握大势的人，事情做得再到位，那也是徒劳无功；一个掌握大势的人，即使事情做得有瑕疵，也能事半功倍。

了解历史，是能让我们用最少的精力取得最大回报的好方法。

历史上这些人的成功是我们必须要吸取的经验；

历史上这些人的失败是我们必须要规避的风险；

历史上这些人那时那刻的决定值得我们深思；

历史上这些人那时那刻的犹豫值得我们总结；

……

历史不应该被忽视，更不应该被遗忘，历史上有太多的事情需要我们总结，历史上有太多的人物需要我们去分析。

值得庆幸的是，我发现越来越多的80后开始关注历史，并且开始动手写历史，从当年明月到墨香满楼，又到如今的昊月清风，他们是一个又一个传道士，他们用自己的笔宣扬着历史上的文化，用自己的心昭示着新时代人们对历史的认识和关注……

他们不但继承，更是改变，改变了历史的写法，把历史写得更轻松，写得更幽默，更适合现代人的阅读习惯，但是轻松不是恶搞，幽默不是失实。

新写法中体现出他们对历史的新认识，他们用自己的笔墨让我们感觉历史原来和我如此的接近。

——刘炳良

目　录

引　子

我一直以为，人们不应该忘记历史，不论它是繁荣还是衰败，不论它是动荡还是安宁，不论它是开放还是封闭……

我一直坚持，我们不要总是强调站在历史的高度去看问题，什么是历史，什么又是高度？

我们就是历史，又怎么能够站在历史上？

我们就是高度，又如何才能攀登上我们自己？

我们都是历史的人物，我们死后，也会有人写我们的历史，就如同我们写别人的历史。

历史教给我们什么？我们一直在思考。

这个问题永远没有答案，就和我们生存的意义在哪里一样，每个人都有自己的想法。

有一点想法我们可以统一，那就是，站在现在，回望过去。我们希望能够对已经过去的人和事，怀有满腔的敬意与温情。

翻开历史，我们看到一个个鲜活的生命，不论正直还是奸诈，不论忠诚还是背叛，不论胸怀天下还是经营小家。

我们都会有一种冲动。

我们希望，过去的悲惨不会重现，过去的荣耀能够再来。

清朝，是中国专制社会的最后一个王朝，正因为是最后一个，所以，我们在思考古代社会的问题时，往往过于把目光投向这个灭亡不足一百年的朝代，往往把目光投向那些背上了沉重历史债务的人。

我们说到光绪帝，我们说他是有理想的明君，可是我们有没有想过，他的理想和亿万的民众何干？他只是想维护他爱新觉罗家的国家而已。

我们说到李鸿章，说他是一个丧权辱国的外交人物，可是我们有没有想过，除了签订那些条约，他还干过什么？兴办洋务，建立海军，创立淮军，他能做的都做了，不能做的他也做了，他难道希望背上历史骂名？

每个人在历史上都会有无可奈何。

每个人在历史上都会有自身性格的鲜明展示。

没有人是圣人，孔子尚且鄙视农民。

清朝，只是恰好在历史的转折点走到了尴尬的位置上。

清朝的奠基人努尔哈赤更是如此。

努尔哈赤，一个旧式奴隶主的后代，童年遭遇到后母的抛弃，少年流落民间，青年成为军人，壮年起兵创业，中年小有成就，晚年愤懑死去。

他的一生，究竟有何意义？

他统一了东北，他统一了女真族，又建立了后金国。

可是，他的民族性格如此强烈，以致他的后代进入中原所实行的民族政策也令人难以接受。

他的保守，也传承给了他的后代，以致清朝的封闭政策遗祸数百年。

但是努尔哈赤已经死去，我们的评论不能改变任何现状。

我们只是希望，能够对这么一个矛盾的人做一点公正的评价。

这就是《清朝这些人——努尔哈赤》的创作动机。

是对是错，现在已经不重要。

第一章　出　生

金身努尔哈赤的出生

还是先让我们把镜头拉回到公元1559年，回到本书主人公努尔哈赤出生的那一刻吧。

努尔哈赤在中国历史上是一个很牛的人物，他的成就在后面会详细介绍，但是像这样一个显赫的人物，出生时的场景却并不怎么热闹。他出生在赫图阿拉（今辽宁省新宾县境内）建州左卫一个小部酋长的家里，用今天的官阶说，相当于出生在中国某个偏远农村的乡长家里。

中国历史上不乏有很多草根帝王，草根一旦出名，首先要做的就是告诉其他草根其实我并不是草根。与之前的很多草根帝王不一样的是，可能是由于努尔哈赤年少时期一直忙于生计，也可能是少数民族没有渲染自己身世的习惯，他的出生看起来很普通。

但是他的子孙不同，成了统治中国大片疆土的皇帝。要统治一个有5000年文化的民族，最起码也得跟着5000年的文化俗上一把。

怎么俗？

封建社会讲究资历，讲究出身，一个草根当了皇帝，很担心其他人不服，即使他不担心，他的子孙也担心，因为草根的成功给了全天下草根一种示范作用，看到没，像我这么干，就能干成大事业。如此一来，难免有些野心草根想 ctrl + c 然后 ctrl + v，这对统治者是相当不利的。

怎么解决这个问题，历史上有一个通用而且屡试不爽的做法，用行话叫“塑金身”。

关于努尔哈赤出生的传说估计也是这么来的。

好了，闲话少扯，看看这金身是怎么个塑法。

汉族人塑金身喜欢用天象，例如天放异彩或者瑞光普照等等。少数民族塑金身，自然要有少数民族的特色，我们汉族人的手法他们是不会用的，不然这抄袭的痕迹也太强了。

关于努尔哈赤出生的传说是这样的：

根据《清史稿》记载，努尔哈赤的母亲经历了13个月的怀胎，大家都知道十月怀胎，这13个月怀胎可是不多见，这是与众不同之一。不过从医学角度说，倒也有这种可能。

或许少数民族的家族观念更强一点吧，塑金身也是塑得源远流长。

努尔哈赤的家族不是人，而是神！

看起来神的后代当皇帝，理所当然了。

天下其他草根都服气了吧，有点啥想法的都收了吧。

……

好了，不吊胃口了，还是直接把史书上的记载大致复述一下吧。

努尔哈赤的祖先是上天的一位仙女，因在凡间吃下了一颗喜鹊衔来的红色果实，然后怀孕，生下的孩子就是努尔哈赤的祖先。

这一竿子支到了很久很久以前，具体年代已经无法考证了。

能考证就怪了，说了是传说，传说肯定不能告诉大家时间，因为传说多半经不起推敲。

类似这样的塑金身，我国历史人物身上还有很多，为了证明这是权威，我也列举几个权威：

1. 黄帝的母亲附宝看见环绕在北极星上的光芒，怀孕，二十四月后生黄帝。

2. 舜的母亲握登看见美丽的彩虹，怀孕，生下舜。

3. 禹的母亲修已梦见流星降落，又吞食神珠，感觉有石纽在胸。当她拆开自己的前胸，就生出了禹。

4. 商朝祖先契的母亲简狄在野外洗澡的时候看见一只黄羽毛的鸟（当时叫做玄鸟），把自己的鸟蛋扔在地上，简狄吃下了这颗蛋，怀孕，生下了契。

……

大家明白了，塑金身实在是无奈之举，是政治的需要，大多皇帝都要说明自己的来头不小，这才能镇得住手下的小弟。如果告诉小弟们，我们是一样的，大家都是草根，凭什么人家上战场杀敌而你坐在帐里指挥呢？

政治家说谎从来是不脸红的，古今中外都是一样，更何况谎话说一遍是谎话，说一百遍就是真话了。

后面写历史的人也不忘拍一下当时皇帝的马屁，但是直接夸当时的皇帝，奉承的嫌疑大，夸夸皇帝的祖先，皇帝又高兴，又能达到目的。所以《清史稿》就有了如下的记载：太祖（努尔哈赤）仪表雄伟，志意阔大，沈几内蕴，发声若钟，睹记不忘，延揽大度。

大概的意思就是努尔哈赤不仅长的仪表堂堂，有男子气概，而且志向远大，记忆力好，有领袖气质。

虽然后世说的热闹，但是努尔哈赤出生的时候却非常冷清，说到原因，就要提一下他们家族的发展史了。

一个辉煌而衰落的家族

前面已经提到过关于他祖先的传说，我查了一下史料，关于努尔哈赤祖先的记载最早可以追溯到夏商周时期。

由于女真族没有自己的文字，所以就没有记录自己历史的工具，更详细的资料也无从查考，就连努尔哈赤的姓氏，至今还是一个谜团。

现在一般都说女真族从夏朝就已经出现了，当时叫做什么“肃慎”的。

不过我们不能过分地看重这些“源远流长”的民族历史，谁知道好几千年以前的几个民族是不是一家人，难道凭着住的地方在一起就是一家人？那时又没有 DNA 检测。

但是，可以肯定的是女真族在中国历史上几经沉浮，不断地重复着兴盛然后衰亡的局面，就像现在股市里流传的一句话一样：“冬天之后必是春天，夏天之后就是秋天。”

努尔哈赤家族在女真的历史上也曾经有过几次显赫，但是很显然，努尔哈赤父亲这一代并不是最显赫的，所以他的出生，并没有像他的成就那样引人注目。

在他的家族史上，有详细记载是从他的六世祖开始。

努尔哈赤的祖先有着辉煌的成绩，六世祖猛哥帖木儿曾经打遍辽东无敌手，后来被人偷袭而死，猛哥的儿子董山也有两把刷子，却被明朝抓去杀了。

接连两代人遭到了打击，随后努尔哈赤家族衰弱了。直到努尔哈赤的爷爷这一代，才勉强有了起色。

他的爷爷是当时建州左卫都指挥使，外公是建州右卫都指挥使，先不说这两个官职有大多，光是这一左一右就够吓唬人的，可以说是建州三卫，一家人占了两个。

这建州左、右卫都指挥使是个什么样的官职，也就相当于现在的建州市左军区司令和建州市右军区司令，不仅管军事，还管理民政，是建州当地的最高军政长官，也就是一把手。

他的爷爷叫觉昌安，有兄弟六人，曾经踌躇满志，想干一番大事，后来事实也证明，他们做到了，史书记载说他们兄弟六人被称为“六祖”，江湖中的匪号叫做“建州六侠”或者叫“六侠下建州”。

这兄弟六人东征西战，统一散落在长白山一带的其他女真部落，占领了不小的地盘，还改称自己为“六贝勒”（贝勒是满语，王子或诸侯的意思），从这个称呼上也能反映出当时他们的地位。只可惜在后来一场对付女真栋鄂部的战斗中没能取胜，实力大损，此后一蹶不振。

历史就是这样，兵败如山倒，墙倒众人推，外面吃了败仗，内部也会出现问题。

吃了败仗，很多以前藏在他们麾下的野心家就冒头了，建州左卫也四分五裂，小团伙、小组织不断崛起。

看起来自己的建州左卫已经控制不住了，那就去右卫家里混饭吃吧。

当然这饭也不是好混的，在中国历史上，自古就有政治联姻的结合手段。

这是一个相当高明的联合手段，盟约在特定条件下往往是一张废纸，而联姻则不同，自己的后代联姻，里面夹杂着感情问题，更重要的是联姻之后的后代成了两家人的后代。在东方社会，什么问题在后代问题上就都成了小问题，就更别说你暂时混得不好来我家混口饭了。

这右卫和左卫是怎么联姻的呢？

觉昌安有一个儿子叫塔克世，也就是努尔哈赤的父亲，王杲有个女儿叫额穆齐，就是努尔哈赤的母亲，在中国政治联姻的大背景下，他们结婚了。

但是这两家似乎觉得这样还不够，那就把政治联姻搞的再彻底一点吧。

王杲有个儿子叫阿台，而觉昌安另外一个儿子的女儿，也就是努尔哈赤的堂姐嫁给了阿台。

其实我最不愿意写这种辈分，因为我看书看到辈分的时候喜欢算，算这个人和那个人什么关系，那个人和这个人什么关系，越算越乱。

仔细看，就知道他们这是两家两代人的政治联姻。努尔哈赤的父母是政治联姻，努尔哈赤自己也是政治联姻。史书记载他有 14 位妻子，都是当年各个部落的女子，因为政治而结婚。

这政治联姻是好事，但是有时候好事也会变成坏事，联姻有一种一荣俱荣的好处，但是也存在一损俱损的危险。而他们两家人的联姻，让努尔哈赤家族卷入了明朝末年的一场旋涡。

话还要从努尔哈赤的亲生母亲去世开始说起。那一年，他 10 岁。

后母！后母！

10 岁以前的努尔哈赤生活还是比较幸福的，虽然他的父母因为政治结婚，但是毕竟有了三个孩子，努尔哈赤和他的两个弟弟：舒尔哈齐和雅尔哈奇。夫妻之间虽说不上恩爱，也还算和谐。

努尔哈赤的父亲虽然不是最顶级的大官，可也不算小。他是名门之后，曾经的建州就是他们家的天下。他的外公王杲是“建州三卫”军事集团的董事长。父亲不仅娶了董事长的女儿，还在岳父的公司里当个小领导。说不上条件最好，也算是地位显赫，生活无忧了。

可当他过了 10 岁的生日以后，一切都发生了巨大的变化——他的亲生母亲去世了。此后的 15 年时间里他都是一个四处流浪的打工仔，虽然努力地拼搏，可一直没有自己的事业，直到他 25 岁那年组织暴力集团自己创业，情况才有所改善。

同样是为了政治上的利益，他的父亲再婚了，这次娶的媳妇背后势力更大，他的后母叫做恳哲，姓纳喇氏，是海西女真哈达万汗王台所养的族女。

王台是何许人也？这里我们需要介绍一下。

王台是海西女真族的首领，曾经帮助过努尔哈赤的爷爷（觉昌安）对付栋鄂部。结果在前文提到的对付栋鄂部的战斗中，努尔哈赤的爷爷没占到便宜，而王台却渔翁得利，扩大了在女真族里的影响。

后来王台成为女真各部间最强大的势力，连建州三卫的总司令，努尔哈赤的外公王杲也要听王台的吩咐。

这个恳哲嫁给努尔哈赤的父亲后，努尔哈赤的好日子就到头了。自古以来的话都是这么说的：没娘的孩子像根草，后娘养的孩子没人疼。这个恳哲对待努尔哈赤兄弟非常不好。

本来努尔哈赤还有父亲可以依靠，可是他的父亲却是一个惧内的主儿，不说对恳哲言听计从，至少十句话也听九句。

惧内不一定是事实，事实是，努尔哈赤的爸爸塔克世需要讨好他的新老婆。

他的新老婆是女真族最大的部落海西女真的族人，海西女真一直和明朝保持着亲密关系。这个时候，塔克世和他的父亲已经投靠了明朝，而建立起和海西女真亲密的关系就成为塔克世最近一段时期工作的重心。

他的新老婆是他和海西女真关系的纽带，不说像条狗一直跟在后面，最低也要尽量不忤逆她的意思。所以，努尔哈赤就成了牺牲品。

而当后母恳哲生下了两个儿子以后，努尔哈赤兄弟就彻底丧失了对幸福生活的向往。努尔哈赤身为大哥，义不容辞的担负起了生活的重担。

这一年，努尔哈赤 10 岁。

常言道，穷人的孩子早当家，这句话一点儿不错。

在生活的逼迫下，从半个天堂掉落到地狱的努尔哈赤已经和普通人家的孩子无异，甚至还不如普通人家孩子过得舒服，因为他要养活自己和两个弟弟。

他需要常常翻山越岭，出没在危险的东北深山老林中，最常去的就是长白山。他在山里采集松子、人参、木耳、蘑菇，还要狩猎各种动物，然后再随同爷爷觉昌安一起将这些山货和动物的皮毛运往抚顺、清河等各个较大的市场出售，以此来维持自己的生活。

我们可以想出一万句话来表达我们对历经磨难的人的鼓励。

孟子说，天将降大任于斯人，必先苦其心志，劳其筋骨。

爱因斯坦说，成功是99%的汗水和1%的灵感。

真心英雄说，不经历风雨，怎么见彩虹。

但是，我们永远无法体会他人在困境中的感受。

我们只能说，凡是能成就大事业的人，必定有其在性格上的坚韧一面。此坚韧之性格使他能够长期忍受艰难的环境，却保持着旺盛的生命力，然后，当时机来临，便一飞冲天。

古今中外之杰出人物，莫不如是。

努尔哈赤亦是如此。

然而，他的一生都处在艰难的环境里。因为，当时的东北已经乱了。混乱的东北自然不能给他提供幸福的生活。

东北已经乱了

努尔哈赤家对努尔哈赤的未来没有抱有太高的期望，不像现在的父母那样急切地期望自己的孩子能够“成龙成凤”。

其实究竟什么才算是“成龙成凤”，很多父母没有一个明确的概念，反正就是有钱有权有地位，有房有车有女人（男人）。

不过努尔哈赤的父母没有这么高的理想。

他父母最大的愿望是希望努尔哈赤能够在短暂的人生里安全地活下去。

人在乱世，首先的目标是生命安全。

活下去才算是完成了人来到这个世界上的使命。

血淋淋的事实告诉人们，金钱权力都不重要，因为金钱一夜之间就可能被抢劫一空，头颅一夜之间就可能被斩落在睡梦之中。

这一点，努尔哈赤家族的人应该深有体会。

六世祖猛哥帖木儿死于乱战。

四世祖董山死于明政府之手。

当时东北生活着女真族的各个部落，明初，依照分布区域，可把女真族划作三大集团：建州女真、海西女真和野人女真。

建州女真最初生活在牡丹江和松花江的交汇处，海西女真靠近朝鲜、辽宁，野人女真则远在在黑龙江流域、库页岛一带。

他们都还处于原始社会晚期，有一些大家族已经开始有奴隶，奴隶叫做“阿哈”，部落之间的关系类似于春秋时期诸国关系一样混乱，也类似于成吉思汗少年时期蒙古族之间斗争的残酷。各个部落之间混战不休，不时地还有一些明朝官员掺和进来，使原本就浑浊的一潭水更加污浊。

东北局势混乱，还残余着元朝的恐怖分子。这里物产丰富，盛产动物皮毛和人参（可都是好东西呀），谁都想捞一笔。

为了控制东北，明朝就利用当地的女真军事贵族为政府服务，在建州女真的地方建立了一个建州卫（“卫”是明朝的军事单位，类似于今天的新疆生产建设兵团），建州卫下属的土地在今天吉林省靠近长白山——鸭绿江一线。

明政府把建州女真实力强大的贵族任命为建州卫的军事首领，后来，为了让女真互相牵制，就把建州卫逐步分成三个部分，分别是左、中、右三卫。上述说过的努尔哈赤的六世祖猛哥帖木儿就曾经是左卫的都指挥使，也是个风云一时的英雄人物。

明朝对待女真本来还算客气，女真前来朝贡总少不了给他们些好处，像衣服、铁农具之类，并且还给他们敕书来进行贸易（敕书相当于粮票、布票，凭票购买物品）。后来，明朝的官员逐渐腐败，对待女真族的态度逐渐恶劣。不仅在贸易的时候尖酸刻薄，而且还挑拨女真族内部分裂，好从中渔利。

于是，东北开始动荡，部落之间火并持续不断。明朝也转变政策，开始动用武力干涉女真事务，东北的局势越来越混乱。女真武装势力也开始侵扰明朝的边关，杀害、掳掠明朝百姓。

在1559年努尔哈赤出生时，东北的形势已经类似于成吉思汗少年时的蒙古高原的形势，我们可以借用当时蒙古族的一首歌来形容东北：

星空旋转着，众部落都反了。
不得安卧，你争我夺，抢劫财货。

草地翻转了，所有的部落都反了。

不得下榻，你攻我打。

没有思念的时候，只有彼此冲撞。

没有躲藏的地方，尽是相互攻伐。

没有彼此爱慕，尽是相互厮杀。

乱世中的努尔哈赤很想安全地活下去，就像一个农民很想有一份医疗保险一样，就像一个中国足球迷想看到中国足球冲出亚洲一样，就像一个煤矿工人希望能够安全地回到家一样，就像一个股民希望股市每天都飘红一样。

第二章　动　荡

努尔哈赤的早期修炼

努尔哈赤努力的工作，足迹遍布辽东大地。对他来说，行万里路，等于读万卷书。与司马迁 20 岁周游全国，积累了丰富的资料，为日后写《史记》打下了基础一样，努尔哈赤从 10 开始的生活，恰好成为了他一生受用不尽的财富。

女真是渔猎出生，生存的威胁使得人人都练有一身本领。

骑马射箭是必须要学会的技能，就好像现在流行的职场必备三种技能“开车、外语、计算机”一样。

他们的教育从娃娃抓起，在童年时期，无论男女，一律学习骑射。善于骑射，作战勇敢的人，会被冠以“巴图鲁”的称号，也就是“勇士”的意思。

年幼的努尔哈赤在艰苦的生活锻炼下，练就了一身好武艺，所以当他 15 岁被明朝军官李成梁俘获后，能成为李的亲兵，这当然是后话。

努尔哈赤迫于生计，经常在东北各个市场之间奔波，接触到大量来自各地的商人，不仅有朝鲜和蒙古的商人，还有来自关内的山东、山西、河北等地的商贾，特别是在努尔哈赤祖先开办的抚顺马市，更是八方商客云集，络绎不绝。

努尔哈赤常年与内地的商人打交道，对汉族文化的接触也逐渐增多，而他也明显产生了对汉族社会的喜爱。

努尔哈赤恐怕不止一次地在梦里梦到过大明朝的皇宫是多么的雄伟，北京城的街道是多么的宽阔，绸缎衣服是多么的华丽。

后来有记载说，这个时候的努尔哈赤最喜欢阅读《三国演义》与《水浒传》两本小说。而且还说：书中的英雄人物、丰富的战例、用兵的神奇以及治国安邦的道理等等，都极大地吸引着少年时期的努尔哈赤，为他树立了楷模。

然而，当我们回到那个时代，站在努尔哈赤的立场，就知道努尔哈赤是不是真的喜欢“阅读”《三国演义》。

努尔哈赤是女真人，女真族没有文字，官方的文件都是使用蒙古语或者汉语。他整个就是一个文盲，根本看不懂什么《三国演义》。

努尔哈赤才10岁多，每天的生活除了到市场上出售产品，便是跑到深山老林里劳动。他会深沉文雅到找《三国演义》来读？

说他会说几句汉语很正常。可除非努尔哈赤智商高达300，不然，即使他是天才，也根本无法“阅读”什么《三国演义》。

不信？

想一想如果一个12岁的英国孩子来到中国，三年以后，他能“阅读”《三国演义》么？他能为里面的丰富战例和治国安邦的道理所吸引么？

那努尔哈赤后来呢？后来难道不能读？

后来？后来的努尔哈赤每天都忙着骑马打仗，让他读《三国演义》？

最后的结论：努尔哈赤肯定接触到《三国演义》以及《水浒传》，也许听过里面的故事，也许崇拜某些人物。但是，他不可能自己阅读。

日后取得的无数场战斗的胜利，那是用鲜血换回来的经验。成吉思汗看过多少兵书？人家用兵如神，那是杀出来的经验。

我们后面就会看到，当努尔哈赤起兵以后，他的一生都是在打仗。

轮到努尔哈赤上战场的机会已经越来越近。可是他还没打仗，却首先成了俘虏。俘虏他的人叫做李成梁，明朝中后期辽东第一武将。

爷爷和外公的博弈

在大明集团驻东北办事处里面有这么两个人。

姓名：觉昌安和王杲

和努尔哈赤的关系：爷爷和外公

职位：建州左卫都指挥使和建州右卫都指挥使

换算成现代职位：大明集团驻建州区执行副总经理，分管建州东区和西区。

业绩：觉昌安曾经业绩不错，但在和最大的竞争对手斗争中失败。虽然还是副经理，但是实权已经不大。王杲业务能力很强，偶尔还会抢占总公司的市场，正在努力成为建州区的总经理。所以觉昌安主动提出给王杲打下手。

表面关系：亲家。觉昌安的儿子娶了王杲的女儿。王杲的儿子娶了觉昌安的孙女。

深层关系：敌人。觉昌安给王杲打下手是间谍行为。王杲也是利用觉昌安控制建州区的市场。

关系发展：王杲的女儿去世了，觉昌安的儿子娶了海西区总经理的女儿。觉昌安开始逐渐摆脱王杲的控制，同时向大明集团投诉王杲，想把王杲搞下台，独自控制建州区。

唯一的纽带：努尔哈赤。

这唯一的纽带也并不牢固，很快就解开了。努尔哈赤离开了家。

虽然努尔哈赤是一个很坚强独立的孩子，但继母还是容不下他。终于，在15岁那年，他带着10岁的弟弟舒尔哈齐离家出走，投奔自己的亲外公王杲。

王杲是一个很有野心的人，他是建州势力最大的军事头子，经常率兵侵扰明朝在辽宁的边城，掠夺人口充当奴隶。

王杲也不是不知道好歹，他知道自己打不过明朝，所以每次都是小打小闹。明政府也早知道东北已经乱了，倒是想管，可是偌大一个明朝事情多了，管也管不了，干脆睁一只眼闭一只眼。

努尔哈赤家对王杲也并非诚心归顺，当初的政治联姻是迫于无奈。而一旦有机会翻身，联姻还算个屁。

历史上的例子不是没有。

汉朝和匈奴和亲那么多年，该打还是打。

吐蕃和唐朝和亲，最后还不是攻入长安？

有心的读者还可以翻看《东周列国志》，里面的联姻数都数不完，可是谁保持了和平？

一旦战争成为必要，最先踢开的就是女人。

事实上，努尔哈赤家一直就在作准备。

第一，当王杲和明朝的关系越来越紧张的时候，努尔哈赤的爸爸和爷爷开始和明朝走得很近，多次暗地里给明朝军队带路攻打王杲。

第二，努尔哈赤父亲新娶的妻子来自海西女真的王台部落。这表明努尔哈赤家族已经跳槽到王台集团了。

而当嘉靖四十六年（公元1562年），李成梁出任险山堡（今凤城县东南）参将以后，努尔哈赤的爸爸和爷爷就开始正大光明地投靠了明朝。

有海西女真和明朝李成梁做靠山，王杲的好日子到头了。

被俘虏前后的若干种猜测

幸福的生活总是很短暂。

努尔哈赤投奔他的外公王杲以后，原本以为生活会安定一些。可是，人算不如天算，他的屁股还没有坐热，就又经历了危机。

话还要从万历二年（公元1574年）的七月说起。

王杲以前骚扰明朝，只是偷鸡摸狗的行为，庞大的明朝并不在乎。但是这年的七月，王杲玩了一次大的。

抚顺游击将军裴承祖遇到了王杲的部下来力红，就向来力红索要逃亡的女真人，来力红不答应，双方一言不合便打起来了。来力红逃跑，裴承祖追赶，他带着三百个骑兵追到了来力红的寨子，被王杲等人围住，当了俘虏。

王杲很残忍地杀害了裴承祖，有的书中这么写，“并执承祖，剖其腹，惨戮而死”，就是把他的肚子剖开。同时被杀的明朝官员还有把总刘承奕、百户刘仲文。

游击将军是什么官？相当于现在的一个边防师的师长，而把总相当于团长，百户相当于连长。这还得了？你王杲这么做，就是等于造反。

王杲大概也想到这件事明朝不会善罢甘休，不如自己先下手为强。于是，王杲一不做，二不休，干脆横下一条心：我造反了。

他趁着杀死抚顺明军师长的混乱，攻入了抚顺市，大肆抢劫了一番，然后公开与明朝为敌。

这个事件让明朝很生气，后果自然很严重。

两个月以后，明朝人打来了。

统兵的人是李成梁，带路的人是努尔哈赤的爷爷和爸爸。

战斗很顺利，李成梁攻破了王杲的寨子，杀死一千多人，但是他们的主要目标——王杲，却逃跑了。

王杲虽然逃跑了，但是努尔哈赤兄弟俩却被抓个正着。

有史书记载，努尔哈赤根本就没有被俘虏，他在很小的时候就被李成梁收养。而《清史稿》则根本就没有记载他这段时间的故事。

史书都是人写的，是人写的就有感情色彩在里面，说的不一定都是对的。我们只能根据故事发展的合理性来推测。

我们认为，努尔哈赤被俘虏的可能性更大一些。因为努尔哈赤小的时候是一个一文不名的人，他怎么会碰到李成梁？李成梁见过那么多的人，凭什么就收养他努尔哈赤？

那么，如果努尔哈赤被俘虏了，李成梁为什么不杀死他？这一点，史书上的记载又不一样。

有的说，努尔哈赤机灵，眼看势头不对，立马装作可怜兮兮的模样，跪在李成梁的马前，一把眼泪一把鼻涕地求李成梁放过他。李成梁看他有些聪明，就没有杀他，而是让他跟着部队当一个童工。

有的说，努尔哈赤身材高大，武艺高强，有勇有谋，李成梁很欣赏，就让他跟着部队一起打仗。

这些原因都比较幽默。

李成梁不杀努尔哈赤，绝不是一时头脑发热，喜欢上了这个孩子。

一见钟情不是没有，但放在这么严肃的事情上就有些儿戏了。

之所以不杀，有下面几个原因：

1. 努尔哈赤是女真上层社会的成员，家族背景显赫。如果随随便便就杀了，会激起女真族的反对。

2. 努尔哈赤的爷爷和爸爸是李成梁的忠心下属，在这次围剿王杲的军事行动中起了重要作用，要是杀了努尔哈赤难免会引起他们的不满，甚至于反抗。不如不杀。

3. 留着努尔哈赤在身边可以当一个人质，要是努尔哈赤的爷爷或者爸爸有异心，也可以拿努尔哈赤作为威胁。

4. 李成梁可能有着很长远的计划，想把努尔哈赤培养成自己在女真族里面的代言人，毕竟努尔哈赤出身优越，在女真族里面有一定的影响。

5. 我们当然可以认为，当时的努尔哈赤的确表现出低三下四的模样，得到了李成梁的赏识。但这不是必要的因素。

就这样，努尔哈赤从一个落魄的贵族子弟摇身一变成为李成梁部下的一员士兵。究竟努尔哈赤被俘虏去以后是什么角色，我们现在不清楚。只清楚，后来有一天，努尔哈赤逃跑了，为什么逃跑？因为他长得帅。

污点与逃难

努尔哈赤被俘虏以后，就成了李成梁部队里面的士兵，关于他是成为普通的士兵还是李成梁的亲兵争论很多。不管是哪一个，可以肯定的一点是，努尔哈赤参加过战斗，上过战场。

一生最大的污点

本书曾提到努尔哈赤不可能在年少的时候看《三国演义》，还提到他的军事能力是战争磨炼出来的。从被俘虏开始，他算是真正地开始了他的军事生涯。

史书上记载，努尔哈赤在李成梁手下的时候，每次战斗都是奋不顾身，勇往直前，因此得到了不少战功，获得了李成梁的赏识。

史书上还说：“努尔哈赤获得了李成梁的信任和宠爱，接触汉人的机会更多，他熟习了汉语，能识汉字，特别是经过战斗实践，增长了更多的军事才能。所以，努尔哈赤对于行军作战的事，颇为自信，自谓有谋略。”

这段时间里，努尔哈赤在能力上有着多少提高，谁也说不清楚，但是谁都愿意说。而有一件确凿无误的事情，大家谁都清楚，可谁都不愿意说。

什么事情？

努尔哈赤帮助明朝军队杀害自己的女真同胞。

这件事情毫无疑问。

为什么这么肯定？

因为努尔哈赤参加的是李成梁的军队。

李成梁是谁？

李成梁是明朝开国200年来东北第一武将。

史书记载李成梁前后镇守辽东近三十年，屡破强豪，立头功一万五千次，拓疆近千里。以至于清朝人写《明史》的时候，都不能抹杀这段历史，也不得不承认“然边帅武功之盛，（明）两百年来所未有”。

李成梁杀的是谁？汉人？女真？

李成梁出任辽东军官以来，对女真大小战争数百次，杀死女真人难以统计。而努尔哈赤加入李军的时候，正是李成梁对女真动武的关键时期。你说努尔哈赤没有杀自己的同胞，谁信？

这就是努尔哈赤一生最大的污点。日后无论是屠杀汉人还是杀死自己的儿子，在这件事情面前，都是可有可无的小事。

可惜，历史上很多史书不提他随李军打仗的具体情况。《清史稿》干脆没有记载。我们也无法得知更具体的情况，这不能不说是一个遗憾。

逃难

虽然努尔哈赤尽心尽力为李成梁工作，但是交情归交情，该杀你还是要杀你。

古代人对于天象神鬼之类的事情很关心，所以历史上有些故事就是神神秘秘的，而李成梁要杀努尔哈赤的原因就更是稀奇古怪。

据很多书上的记载说，努尔哈赤是李成梁的一个贴身侍卫。有一次李成梁洗脚的时候对他的小妾说：你看我能够战无不胜，做到今天这样的大官，那是因为我的脚上长了七颗黑痣。没想到他的小妾却说：我看到努尔哈赤的脚上有七颗红痣啊。这下子可把李成梁吓坏了，七颗红痣那是天子的象征啊。

刚好，明政府传来圣旨，说东北这地方有紫微星落下，让李成梁紧密追查。

古代皇帝就是这么幽默，明明自己就是天子，你要是不干坏事，管他天上掉什么星？这皇帝心虚啊，害怕啊。

李成梁听小妾这么一说，心里大惊，难道圣旨里说的那个天子象的人就是努尔哈赤？怪不得看他平时器宇轩昂。等等，这可不行，要把他抓起来，送到京城让皇帝发落去。

可是他的这个心思被他的小妾知道了。人长得俊俏很有好处，关键时刻能救人一命。这个小妾平时很喜欢努尔哈赤，听到这个消息以后就偷偷地告诉了他。

努尔哈赤可不是案板上的肉，听到消息以后就立刻骑马逃跑，与他一起逃跑的还有他养的一只狗。等到努尔哈赤逃跑，这个小妾就上吊自杀了。李成梁得知消息，马上派兵追赶。

连续的逃跑让努尔哈赤很疲惫，他就躺在一块枯草丛里睡着了，追赶的军队放火烧地，眼看火就要烧到努尔哈赤的身上，跟着他逃跑的狗就不停地到水边浸湿身体，然后把努尔哈赤旁边的火扑灭。

终于，火没有烧死努尔哈赤，狗却累死了。以后为了纪念这只狗，满族人就不吃狗肉。

这当然是传说了。

刘备当年逃跑，他的的卢马能够一跳三丈从溪水里飞上对岸，救了刘备一命。

这些故事的目的只有一个，表示这个皇帝是上天保佑，不会死的。

努尔哈赤跑了，李成梁却不能正大光明地抓，如果大肆地抓，这不是告诉世人努尔哈赤就是有天子相的人么？大明朝皇帝的威信不就全没有了么？所以李成梁干脆不管了。

保住一条命的努尔哈赤除了回家，无路可走。他的亲外公王杲逃到海西女真王台那里，却被王台抓起来送给了明朝。明政府痛恨王杲，判处凌迟之刑，把他千刀万剐。

王杲死了，他的地盘还在，李成梁把王杲的地盘全部给了努尔哈赤的父亲，而且爷爷和爸爸都官升一级，以作为出卖王杲的甜头。

王杲死了，他的儿子还在，这个叫做阿台的年轻人，继续着父亲的伟大事业——造反。而他的造反对努尔哈赤的一生有着重大的影响。

第三章　起　兵

努尔哈赤回到了父亲塔克世的家里，他的父亲眼看着努尔哈赤已经成为一个大人，而自己也成为建州一个不大不小的军事头子。出于对努尔哈赤的愧疚，于是他就提出分家。这事实上是照顾努尔哈赤的办法。

塔克世不能得罪自己的妻子，又不能看着自己的儿子不管，只好分家。这样，努尔哈赤至少能够分到一些东西，比一点儿东西没有要好得多。

分家的这一年，是万历五年（公元 1577 年），努尔哈赤 19 岁，同样在这一年，努尔哈赤结婚了。妻子是同县（赫图阿拉，新宾县）佟佳氏家的女子。不过，贫穷的努尔哈赤不是迎娶，而是入赘。

随后的五年时间不是努尔哈赤的时间。

三年以后，他有了第一个儿子，这个儿子是褚英。而当褚英 19 岁以后，就已经像极了他的父亲，他能征善战，为努尔哈赤的事业作出了巨大的贡献，褚英原本以为会接管父亲死后的产业，绝对不会想到最后却被父亲杀死。

阿台之死

就当努尔哈赤努力成为一个好丈夫、好父亲的时候，命运却将他推向了时代的浪尖。

原本实力还算平衡的东北因为王杲的死去重新变得混乱，海西女真的王台因为把王杲抓起来送给了朝廷，得到了明政府的高度评价，双方的关系以火箭般的速度提升。明政府封王台为龙虎将军。

但是王台毕竟年纪大了，像这种类似于黑社会抢地盘性质的势力，一旦老大年纪大了，不能砍了，一些原来的小混混就开始不安分了。这些小混混包括叶赫部和蒙古人。更何况，被王台害死的王杲有个儿子，这个儿子一心想要为父亲报仇。

终于在万历十年（公元 1582 年），王台死了。

王台死后两个月，明军李成梁击败叶赫部。这下，能威胁到明朝的势力，除了蒙古，就剩下王杲的儿子阿台了。而据情报显示，阿台和蒙古人有勾结，正准备着大的行动。

李成梁是一位悍将。他决定先下手为强。

万历十一年（公元 1583 年），李成梁进攻阿台的军事据点古勒寨。这一次带路的人不是努尔哈赤的爸爸，而是建州图伦城（今辽宁省新宾县境内）的领主尼堪外兰。

努尔哈赤的爷爷和爸爸作为李成梁的忠实粉丝，自然随军前往。

不过，一向打女真势如破竹的李成梁这一次遇到了麻烦，他的部队虽然把古勒寨围得连只苍蝇都飞不出去，但问题是，古勒寨的防守也让一只苍蝇都飞不进去。

阿台敢造反，特别是在他父亲造反被杀之后还敢造反，自然早有准备。

阿台的古勒寨依山而建，易守难攻。李成梁久攻不下，很生气，心想我到辽东这么长时间了，什么时候受过这种耻辱。他越想越生气，就把带路的尼堪外兰喊过来狠狠地批评了一顿。

尼堪外兰很郁闷啊，他想，我把你明朝军队喊过来的目的是什么，还不是指望着能够借你这棵大树乘凉。不行，我们得想辙儿。

愿意当一次小人的，就不在乎再多当一次。

尼堪外兰又想出了一条计策。这计策经常用，每次都有效。

什么计策？反间计，多老套的东西啊。可是每次都有人中计，这次中计的是女真人。

尼堪外兰就和明军合伙，给守城的人画出了一个大大的馅饼。

尼堪外兰说：太师（李成梁）有令，杀死城主投降的，任命他作本城城主。

这个馅饼太诱人了，守城的人一拥而上，就把阿台给杀了，然后开门投降。

可是阿台的死，和努尔哈赤的爷爷、爸爸有什么关系呢？话还要从当年两家的政治联姻说起。

祖、父之死

前面提到过，当时努尔哈赤家族衰落，就投靠了王杲，为了证明两家的确是诚信合作，两家就互相结婚，努尔哈赤的父亲娶了王杲的女儿，后来，王杲的儿子，就是刚才被杀的阿台，娶了努尔哈赤的一个堂姐。

努尔哈赤家这次跟着李成梁来打阿台，眼看着阿台的寨子被围，他爷爷就想救他的孙女儿出来，可能也抱着劝降的心思（要是劝说成功了，可是大大的功劳），爷爷觉昌安就进了寨子。可是仗越打越激烈，他爷爷在寨子里出不来了（也有说法是被阿台绑架了），努尔哈赤的爸爸着急，也跟着进了寨子，结果也出不来了。

这边出不来，这边却打进去了。

话说刚才寨子里的人经不住诱惑，争先恐后地杀了阿台，开了大门投降。本来说好了谁杀了阿台就做城主的。可是打赢了仗的李成梁不管那一套：他要屠城。

笑话，李成梁心里清楚得很，你们今天可以杀了阿台，明天就会杀了我，为了避免夜长梦多，还是把你们全杀光的好。

在当时的东北，屠城是常有的事情，不只是明朝军队，女真自己也经常搞这一套，要不然日后满洲人进入关内也不会发生那么多的屠杀事件了。

你屠城就屠城吧，可是城里面还有两个外人啊，努尔哈赤的爷爷和爸爸还在里面呢。估计努尔哈赤的爷爷和爸爸是脱离大部队的单独行动，李成梁不知道。这军队一路杀过去，不但杀了城里的人，还杀了努尔哈赤的爷爷和爸爸：觉昌安和塔克世。

史书上记载：明兵人歼之，二祖皆及遇难。这件事发生在当年的二月份。

亲人死了，努尔哈赤的心情可以想见。

不过，其中有些小故事可能有些意思，努尔哈赤离家出走，投奔外公，为什么？是因为他的父亲对他太好了，他不好意思留下来？

他的父亲对待他很恶劣。

为什么不去自己的爷爷家？他爷爷对待他比他爸爸还好？努尔哈赤还是不好意思留下来？

他的爷爷不想要他。

就这么两个对自己冷酷无情的亲人，即使死了，努尔哈赤想报仇的心情也许并没有后世很多人说的那么夸张。

应该是自己的外公死了，才是他报仇的根本原因。

但他的外公是因为造反被杀了，努尔哈赤敢说为外公报仇吗？那不是反革命吗？所以努尔哈赤只好说是为爸爸、爷爷报仇。

我要报仇

祖、父无辜死亡之后，努尔哈赤很悲伤，他质问明朝官员：我的亲人为什么被你们杀了？我和你们有不共戴天的仇恨。

李成梁或许是真不知道努尔哈赤的亲人死于屠杀事件，或许是知道，但是不能说。至少，他给予努尔哈赤的补偿还是很有诚意的。

李成梁为了安慰努尔哈赤受伤的心灵，不仅归还了努尔哈赤爷爷和爸爸的尸体，还将努尔哈赤爸爸塔克世的地盘和手下给了努尔哈赤，还给了边关交易证书（敕书）三十道、马三十匹，又给了他都督敕书。每年还都给努尔哈赤银八百两，好布料十五匹。还让努尔哈赤做了都指挥使的官。

应该说，这份补偿不少。即使少，努尔哈赤也不敢说，于是努尔哈赤找到了另外一个办法：我不敢说你李成梁不对，我可以说其他人不对。其他人就是尼堪外兰。

努尔哈赤提出，明朝的这份赔偿少了一个关键部分：尼堪外兰。这个给你们带路的人是杀害我爷爷和爸爸的罪魁祸首。

可是，这份赔偿李成梁没有答应。尼堪外兰不仅没有死，还得到了李成梁的大力扶持，李成梁希望尼堪外兰能够做建州三卫的总头目，来建立明朝的傀儡政权。

因为尼堪外兰的势力扩大，很多部落都相继投靠，连努尔哈赤同族的人都想杀了努尔哈赤投靠尼堪外兰。

努尔哈赤很受伤，他看穿了李成梁的把戏：虽然让我继任了都指挥使，可是我一点儿实际的权力都没有，全让尼堪外兰拿去了。

努尔哈赤也很危险，他的想法让尼堪外兰知道了。尼堪外兰就派人追杀他。

努尔哈赤既没有自己的地盘，也没有自己的手下，生命还有危险，如果努尔哈赤不振作，明朝的那些赔偿只有等他死了以后才能拿到了。

努尔哈赤无路可走，如果不起兵，建州就将是尼堪外兰的天下，自己还是要死。还不如现在趁尼堪外兰立足未稳，杀他个措手不及。

报仇不是努尔哈赤的目的，而是一个冠冕堂皇的理由。努尔哈赤的目的是要活下去。但他必须要打着“报仇”的旗号，只有这样，才能在道义上站住脚。

于是在五月间，他的祖、父死后三个月。努尔哈赤用祖先遗留下来的十三副盔甲组织了一个武装小队，开始了其后 43 年的杀伐人生。

我们可以想象当时努尔哈赤的处境，一个都指挥使居然手下只有 12 个人，加上努尔哈赤自己才 13 个人。但努尔哈赤就是凭借这 13 个人，不仅报了仇，还最终成为后金政权的皇帝，大清国的创始人。

攻占图伦城

虽然努尔哈赤决心很大，但是光有决心解决不了问题。

马克思说：批判的武器代替不了武器的批判。

想要报仇，不仅要有决心，还要有实力。自己的力量不足，努尔哈赤很清楚，所以他开始寻找联盟。

努尔哈赤找到了联盟的对象，萨尔浒城（今辽宁省抚顺附近）的城主诺米纳等人愿意和努尔哈赤一起对付尼堪外兰。

可是这个联盟还没有经受考验就遭到了破坏，诺米纳叛变了。等到努尔哈赤率部向图伦城前进的时候，只有嘉木湖寨、沾河寨和瑚济寨跟随左右，他的部队不足一百人，装甲部队只有十三个人。

能够在关键时刻信守承诺的人，往往都不是庸才。三位寨主日后给努尔哈赤带来的好处远超诺米纳叛变带来的损失。

虽然努尔哈赤的实力很弱，但是攻占图伦城的过程却很顺利，尼堪外兰提前得到了消息，带着家人财物逃到浑河部的嘉班城去了。

城主不在，城里的士兵失去了效忠的对象，自然没有战斗力。努尔哈赤的部将额亦都率领部队向图伦城发起猛攻。额亦都是一员猛将，最先登上图伦城墙，没等努尔哈赤亲临城下，图伦城已经被攻陷。

仇人逃跑了，努尔哈赤自然要紧追不舍。而他的矛头也正是对准了接受尼堪外兰的浑河部。这一年是公元1583年，明万历十一年。

两个忠心的部下

日后的努尔哈赤回忆这场战争的时候，最让他兴奋的不是轻松拿下图伦城。这对戎马一生的他来说不过是个热身。

最让努尔哈赤得意的就是他发现了两个杰出的人物。这两个人对他日后的帮助可以用几十座图伦城来衡量。

他们就是额亦都和安费扬古。

额亦都，姓钮祜禄氏，是日后乾隆朝大名鼎鼎的大贪官和珅的祖宗。和珅虽然贪得无厌，但是额亦都却是一个铁铮铮的汉子。

额亦都是一个很有心计的人，年少父母被人杀害，他沦落外地，13岁亲手杀死自己的仇人。之后他前往姑母处避难，在1580年，他第一次遇到努尔哈赤，为努尔哈赤的人格所折服，决心跟随努尔哈赤创出一番事业。

这一走，额亦都终身都未与努尔哈赤分离，护卫左右，成为努尔哈赤最忠心、最有实力的打手之一。在攻打图伦城的时候，他最先登上城墙，把红旗插在了城楼上。日后，他成为后金五大臣之一。

安费扬古，姓觉尔察氏。女真部落瑚济寨寨主的儿子。

当时和努尔哈赤联盟共同对付尼堪外兰的部落里面，萨尔浒城城主诺米纳叛变。而没有叛变的盟友里面就有安费扬古的父亲，甚至于受人威胁的情况下也对努尔哈赤不离不弃，可以说是忠心到了盲目的地步。

安费扬古跟着父亲追随努尔哈赤左右，参加了攻打图伦城的战斗，此后一直跟随努尔哈赤，立下战功无数。他也是后金五大臣之一。

成大事者，必然有着性格上吸引人的地方，这就是所谓的人格魅力。不然别人凭什么相信你能够成功？而历史书上描写的努尔哈赤的种种特征，比如意志阔大、沈几内蕴等则很好地为别人投靠他作了解释。

第四章　战争简史之统一建州

图伦城的陷落对于东北女真来说是一次重新洗牌的开始。尼堪外兰没有完成李成梁交代下来的任务。相反，因为他的逃跑，使得整个东北的形势需要重新调整。

李成梁经过多年的战争，先后解决了建州王杲、阿台的势力，又耗死了海西王台、逞加奴、仰加奴（叶赫部）等人。老人们死去，小一辈的人还没有站住脚跟，努尔哈赤的机会来了。

乱世才能给予豪杰发挥的空间，这就是“乱世出豪杰”。

而在这乱战的十多年里，李成梁的一度离职则是上天赐给努尔哈赤的礼物。

李成梁的心思

对于明朝驻辽东的最高长官李成梁来说，驻扎辽东是他的工作，对付女真也是他的工作。他在这块地方的时间越长，就越清楚自己的工作是什么性质。

1571 年，他第一次出任辽东总兵，从隆庆四年（1570 年）至万历十九（1591 年）年，在辽东，他付出了二十二年时间。在这二十二年里，他打了无数次胜仗，多的或许连他自己都不记得了。但让人感到不明白的是，打了这么多胜仗，为什么总不能消除女真人这个忧患。

别人可能不明白，李成梁自己却清楚。

他知道，不是他不能消除女真人的动乱。那些还是奴隶社会的女真人不会是百胜将军李成梁的对手。

而是，他根本不敢彻底地消灭女真人。

对于一个国家来说，战争或许不是一件好事。但对于一个军人来说，没有战争，他就什么也没有了。

他亲眼见到自己的同事戚继光的遭遇，戚继光的功劳不比自己小。我在东北，他在江南和正北。我打女真人，他打倭寇和蒙古人。

戚继光在南方和日本人（当时叫倭寇）浴血奋战十多年，终于把倭寇赶出了江南，又把蒙古人挡在长城之外。

可是后来的下场呢？被人排挤，病死家中。

原因何在？

原因是戚继光把敌人都杀完了，鸟尽则弓藏！

李成梁不想有着戚继光相同的遭遇，他要持久的光荣和财富。

工作，本来就是一份长期的事情。你什么时候做完了，你什么时候就下岗了。

狡兔死，走狗烹。

于是，女真人就成了他一份不能舍弃的工作。

女真人就像韭菜一样，割完一茬还有一茬。

于是，李成梁的功劳不断，甚至还有了“伯”的称号。

事实上，李成梁的策略不能算错，自古以来，中原对付少数民族的政策都是拉拢与分化，如果你听话，给你好吃好穿，你不听话了，就干掉你，再找一个。

少数民族是杀不完的。杀完了又能怎么样？我中原人看不上你那偏远的地方，还不是要你少数民族住着。不是女真，就是蒙古，要不就是朝鲜。

而且，困境中的中央不能给李成梁太多的军事经费，李成梁要想继续战争，继续发财，他必须从女真人身上搜刮。没有了不断更新的女真人，他就什么也没有了。

所以李成梁一边不断地干掉坐大的势力：王杲、阿台，还有之后的仰加奴、叶赫，一边不断地寻找新的代理人，从王台到努尔哈赤的父亲，再到尼堪外兰。

我们不能责怪李成梁，他毕竟没有数千年的历史眼光。他不知道他死后贫穷的女真人能够打入关内，他也不知道他会在对付女真人的关键时刻被解职。

那群该死的读书人！

李成梁1591年（万历十九年）被解职以后一定这么骂过。他骂的就是北京朝廷里面那群对着皇帝喋喋不休的文官。

这不是他的错，这是时代的悲哀。

李成梁没有想到，他努力地使女真人变得零零散散，却间接成就了努尔哈赤的一番事业。而等到他官复原职回来的时候，一切已经来不及了。

叛徒诺米纳之死

建州是努尔哈赤的祖宗发迹的地方，也是努尔哈赤努力的方向。

努尔哈赤这个时候还没有把目光放到二十年或者三十年以后去，所谓的战略眼光纯粹是笑话，他会在生命都朝不保夕的情况下想到日后我要打倒明朝？

做梦也梦不到。

现在他只需要拥有建州，这里才是他安身立命的本钱。

于是，在攻下图伦城后的八月份（1583年），他开始了统一建州的步伐，这个时候他的旗号还是"为父报仇"。

这一年，努尔哈赤第二个儿子代善也出生了。

努尔哈赤的第一个目标是仇人尼堪外兰所在的浑河部嘉班城。可这一次，努尔哈赤又遭到了先前出卖他的萨尔浒城城主诺米纳的暗算。

诺米纳受到努尔哈赤同族人的挑拨，不但在当初攻打图伦城的时候背叛努尔哈赤，而且在努尔哈赤追捕尼堪外兰的时候，继续给尼堪外兰通风报信。

得到消息的尼堪外兰继续自己的流亡生活，他从嘉班城出逃，先跑到抚顺城外一个明朝军队的营地，但是明军不愿意接纳他，他只好逃往鹅尔珲城。

眼看着仇人从眼皮子底下逃走，努尔哈赤的怒火开始燃烧：如果不是诺米纳的一次次出卖，尼堪外兰早就被宰了。愤怒的努尔哈赤把攻击的目标转移到了诺米纳的身上。

而诺米纳的实力要比努尔哈赤强大很多，况且他占据着萨尔浒城，攻打一个比自己强大很多的敌人的城市，显然是不明智的选择。努尔哈赤虽然有心杀敌，却只能望城兴叹。

不过，机会终于还是来了，送机会的不是别人，就是努尔哈赤的敌人诺米纳自己，这本来不是一个机会，但是，努尔哈赤硬是把不是机会的机会转化成一个极好的机会。

诺米纳骄傲自大，他根本不把努尔哈赤放在眼里，所以他就给努尔哈赤下达了一个命令。但是，诺米纳根本没有想到，就是这个命令导致了自己的死亡。

人，永远不要以为自己比对手聪明。

诺米纳派人对努尔哈赤说：浑河部的杭嘉、扎库木两个地方，你们不能侵犯。栋嘉、巴尔达二城（今吉林省通化县）是我的仇人，你去打下来给我，不然我就不允许你的部队经过我的边境。

这是赤裸裸的侮辱。

努尔哈赤极度愤怒。但是当他冷静下来以后，他就开始思考应对的办法。

杰出的人只有在关键时刻才会显得杰出。

努尔哈赤实力不济，面对侮辱只能暂且忍气吞声。忠心追随他的三位寨主认为，诺米纳已经成为努尔哈赤统一建州女真的最大障碍。不管诺米纳是不是阻挡努尔哈赤追杀尼堪外兰，他都必须死。寨主们认为，杀死诺米纳唯一的办法就是先示弱。

于是，一个大胆的计划开始有了雏形。

什么计划？

努尔哈赤回复道：我愿意去攻打栋嘉、巴尔达二城，但是我的实力不够，一个人打不下来，希望诺米纳大人你也能够出兵，我们两家一起上，肯定马到成功。

诺米纳接到回复很高兴，不但羞辱了努尔哈赤，还能消灭自己的仇家。要是每天都有这么好的事情该多好啊。

于是，双方集合了军队来到栋嘉城下。

这一次，努尔哈赤不仅要攻打栋嘉城，还要杀死诺米纳。

努尔哈赤说：诺米纳大人，你看，我的部队装甲、武器都不好，攻城有难度啊，不如您的军队先上？

诺米纳当然不愿意派自己的军队送死了，他立刻拒绝了这个提议。

努尔哈赤心中暗笑，不管你是不是同意，今天你都死定了。

但他还是装模作样地说：既然这样，诺米纳大人不如把你军队的武器和装甲借给我的部队先穿着，等仗打完了再还给你。

诺米纳真的是一个难成大事的蠢货。被自己侮辱过的人要借自己防身的刀子，搁谁都不会同意的，但是，诺米纳却同意了。得到了装备的努尔哈赤的军队，一股脑地全冲到赤裸裸的诺米纳军中，把诺米纳杀了。

诺米纳一死，努尔哈赤立刻派大将安费扬古率军夺取诺米纳的萨尔浒城。城市既没有军队，也没有领主，自然不堪一击。

萨尔浒城陷落以后，努尔哈赤采取了安抚措施，使城市能够正常的运转，而这次战斗给努尔哈赤带来的不仅是城市与人口，还带来了大量的军事装备和物资，同时，还有威望。

努尔哈赤的实力大增，建州女真已经势在必得了。

李成梁与努尔哈赤的缘分

李成梁在东北的二十多年，恰好是努尔哈赤艰难挣扎的二十多年，他们两个人在东北有着奇怪的巧合。

对努尔哈赤来说，想统一建州，杀死一个诺米纳还远远不够。当时的建州女真一共有八个部落，分别是苏克素护河部、哲陈部、完颜部、浑河部、栋鄂部、鸭绿江部、讷殷部和珠舍里部。前五部的建州女真的主要区域，称为满洲五部。

于是，努尔哈赤开始了统一满洲五部的行动。

而李成梁似乎是上天安排的一样，总是无意中给予努尔哈赤以侧面的支持。

因为尼堪外兰的逃亡，女真族这锅水有重新沸腾的嫌疑，李成梁为了继续实施他一贯的平衡政策，开始了新一轮的军事行动。

第一步，重新找到一个代理人。1583 年（万历十一年）八月，明朝给了海西女真王台的后人猛骨孛罗一道敕书，试图通过猛骨孛罗来弹压女真各部。

第二步，李成梁开始进攻比较有势力的女真部落。十二月，李成梁于开原关王庙一带，诱杀海西都督仰加奴，斩其部众一千五百人。

就在李成梁击败海西女真的第二年（1584 年），努尔哈赤攻占栋鄂部的翁鄂洛城。如果没有李成梁的大规模军事行动，至少海西女真肯定会干涉努尔哈赤的行动。而正因为李成梁打败海西女真，使得日后努尔哈赤不仅统一建州阻力大减，统一女真也容易了许多。

况且，李成梁打败的不仅仅有海西女真。

就在努尔哈赤统一建州的最后阶段，李成梁还送给努尔哈赤一份大礼，他率军攻打叶赫部，使得努尔哈赤能够顺利地吞并完颜部，完成了建州的统一。

而日后等到海西女真缓过来想遏制努尔哈赤的时候，努尔哈赤的羽翼已经丰满，不是他们能够击败的了。

我们不止一次地看到，李成梁和努尔哈赤两个人在生命中有着难以解释的关系。两个人的行动配合默契：一个想统一建州，一个就肃清建州外围的敌人；一个要统一女真，一个就刚好离开东北；一个准备进攻明朝，一个就刚好死去（1619 年，在李成梁死后的第二年，努尔哈赤伐明）。

我们今天读历史，只能合上书本，长叹一声：这都是缘分哪！

或者还可以说，这中间有阴谋，但是我们不知道。

建州的统一

按照时间的顺序，我们可以列出一张表。

1583 年 攻打浑河部

1584 年 攻打栋鄂部

1585 年 攻占浑河部界藩、栋嘉、萨尔浒城

1586 年 攻占苏克素护河部 杀死尼堪外兰

1587 年 统一哲陈部 修建佛阿拉城 称王

1588 年 统一完颜部 和哈达部联姻

1593 年 相继统一鸭绿江、讷殷、珠舍里三部

建州女真至此完全归于努尔哈赤的统治之下。

对于战争过程的详细描写不仅枯燥，而且没有意义。努尔哈赤统一建州的过程中发生过无数次的大小战争，小的有几个人的战斗，大的有几百

上千人的厮杀。

一句话，这不是一个人在战斗，这不是一个人。

这十年历史里，有几个事情有必要提及。

第一件就是尼堪外兰的死亡。

努尔哈赤统一建州的战争借口一直只有一个：报仇。

而事实上，他的仇人尼堪外兰早就被他杀了，这是发生在1586年的事情。在消灭了萨尔浒城主诺米纳之后，努尔哈赤就肃清了通往尼堪外兰所在的鹅尔珲城的道路。万历十一年，努尔哈赤再次进军鹅尔珲城，已成丧家之犬的尼堪外兰只好再次逃跑，他幻想着明朝能够给他提供安身之所，所以直奔抚顺关而去。

但是，像尼堪外兰这种帮助外族屠杀自己同胞来获得财富和权力的人，下场往往都是很凄惨的。这种人，可以叫做卖国贼，也可以叫做我们汉族特有的名词“汉奸”。一旦出现变故，他们都是首先被抛弃的对象。

果然，明朝不仅不支持尼堪外兰，反而出卖了他，明军把他的行踪告诉了努尔哈赤。然后，在抚顺关的城楼下，尼堪外兰被努尔哈赤的部将砍死，结束了自己狗一样的人生。

第二件是收服鄂尔果尼和洛科。

努尔哈赤一生中，手下的大将无数，可不像刘备手下只有五虎上将，结果等到五虎将死了以后就“蜀中无大将，廖化当先锋”。努尔哈赤手中的大将人数真正和曹操有的一拼。

这些将军，有的是联盟部落里面的将领，比如五大臣中的费英东、何和理、扈尔汉、安费扬古，都是随着各自的部落加盟了努尔哈赤。

有的是受努尔哈赤的人格魅力吸引主动跟随其后的，比如五大臣之一的额亦都。不为别的，就是相信你努尔哈赤。

有的干脆就是自己的亲人，比如弟弟舒尔哈齐，儿子褚英、皇太极等人。

还有一种将领的来源比较特殊，是来自敌人军队里面的将军，甚至有些还击败、击伤过努尔哈赤。鄂尔果尼和洛科就属于这一类型。

对待这种类型的将领，努尔哈赤的政策是不计前嫌，有本事就收取。

话说起来都容易，可做起来就不容易了。

刘备可以做到，曹操也可以做到，可有些人就是不行。

有些人为了表示自己心胸开阔，对以前的敌人张开怀抱，可是等到敌人真的归顺了，他却把敌人冷冻了。

我收留你，但是不用你。这种人历史上不是没有，最近的就有蒋介石。他把张学良软禁了一辈子，就是担心张学良会再次进攻他。

但是努尔哈赤能成为清朝的创始者，明朝的掘墓人，心胸之广阔当然不是一般人能比的。

万历十二年（公元 1584 年），努尔哈赤攻打翁鄂洛城，当努尔哈赤登上屋顶准备进城的时候，被翁鄂洛城的鄂尔果尼射中一箭，箭穿透了努尔哈赤的头盔，破骨入肉。受伤的努尔哈赤不久又被射中一箭，这次放箭的人是翁鄂洛城的洛科，这一箭射中了颈部。努尔哈赤因为这两次中箭受伤很重，差点死去，仗也没有打赢。

等到努尔哈赤伤愈了，他再次攻打翁鄂洛城，这一次攻城很顺利地拿下，鄂尔果尼和洛科被俘，手下的将领都想杀了他们泻火，可是努尔哈赤却说：他们之前射伤我，那是各为其主，没有办法。这样的勇士，应该为我所用。

最后努尔哈赤不但没有杀他们，反而封了他们佐领的职位，手下有三百户的军队。人心都是肉长的，鄂尔果尼和洛科也不是傻子，努尔哈赤对自己这样好，日后自己即使为他而死也是心甘情愿啊。

这就是“士为知己者死”，不过很讽刺的是，原本这些“士”是指知识分子出身的有些武艺的人。而日后我们看到的“为知己者死”的大多数却是没有什么文化的勇士，大概是日后的知识分子看的书多了，肚子里全是一些花花肠子，甘愿为某些人去死的话在他们看来不过是哄小孩子的谎话而已。这当然是后话。

转过头来再看努尔哈赤，不仅是对待人如此，对待那些部落，只要是诚心归顺的，他一律给予优待，相互联姻等等，叫做：“怀之以德，违之以兵。”这种做法为努尔哈赤赢得了广泛的尊敬和支持，为日后统一女真消除了不少障碍。

第三件是佛阿拉城称王。

1587 年（万历十五年），努尔哈赤刚刚杀死了仇人尼堪外兰，基本上统一了建州三卫。

地盘大了，人也多了，干活也有劲了。

但是，随之而来的问题也多了，努尔哈赤心想，手下的人来自各个地方，彼此之间的矛盾还在。地盘里面还有些人不服自己的统治，家族里面还隐藏着敌人派来的卧底。这些年来到处打仗，也没有个固定的住处。

于是努尔哈赤就寻思着该干点什么。

该干点什么呢?

努尔哈赤也算是到国外相同企业（明朝都城北京）进行过学习考察的，自己做起来也有模有样。

建城，称王，定制。

努尔哈赤在辽宁省新宾县附近的一块地方建了一座三层的佛阿拉城，不能叫城市，也就是一个城堡，还修建了宫殿和楼台。努尔哈赤自封为女真国淑勒贝勒（女真大王）。还定下了几条规矩，严厉禁止部下有作乱、盗窃、欺诈等行为。

这个原始的政权总算是建立起来了。

其实啊，这件事如果在内地根本就不值得专门拿出来说，不就是一个小城堡么，不就是几条规定么。

当时内地先进啊，远比沿海和东北地区要发达得多。努尔哈赤那点办法早在数千年以前就被农民起义家用过了，连大一点的带有黑社会性质的犯罪团伙、绿林好汉都干过类似的事情。

近的不提，专提远的。

两千四百年前的周厉王就发布命令：山泽湖泊归国家所有，不准平民进入。

一千七百年前的刘邦进入关中发布命令：与父老约，法三章耳；杀人者死，伤人及盗抵罪。这就是约法三章。

但这里是东北，这里是女真，这里是早期的奴隶社会。所以努尔哈赤的行为具有破天荒的历史意义：这是女真历史上的第一次。

但凡第一次总是很可贵的。日后要是有人讽刺努尔哈赤不过是个流氓的时候，努尔哈赤就可以理直气壮地说：谁说我们女真没地位？那是在黑暗的旧社会。

就这样，努尔哈赤从一个原始社会的部落领袖变成了建州女真最大的奴隶主。女真族的人再也不是平等的了，开会再也不是男女老少一起发表意见了，得到的食物、财富再也不会平均分配了。

那些沦为奴隶的人也许在心底里会说：还是原始社会好啊！

第四件是后金五大臣的出现

在政治以及军事斗争中，能够掂量出自己几斤几两的人是明白人，而能够在明白人的基础上作出明智选择的人，就是有智慧的人。

流行的用语叫做“别站错队了”。

没有站错队的人，能够以最小的损失得到最大的利益。

努尔哈赤统一建州的时候，有三个部落成功地站对了队伍——他们选择了努尔哈赤。这既成全了努尔哈赤的事业，也使自己家族日后加官晋爵，荣耀无限。

1588 年（万历十六年），努尔哈赤称王以后，由于势力强大，很多有眼光的人已经看出努尔哈赤是一根好苗子，是一个值得投资的项目，于是就有不少部落相继投奔而来。

其中有三个部落的势力比较大，分别是苏完部、栋鄂部和雅尔古部。这些部落的加盟使努尔哈赤统一建州的进程大大缩短。

苏完部部长的儿子费英东、栋鄂部部长的孙子何和理、雅尔古部长的儿子扈尔汉和前面提到的额亦都以及安费扬古并称后金开国五大功臣。

努尔哈赤为了维系和重要臣子的关系，花了血本。

努尔哈赤先后将族妹和女儿嫁给额亦都，将自己的长女东果格格册封为固伦公主（固伦是等级最高的公主，一般只有皇后的女儿才有资格），嫁给何和理，还收了扈尔汉为自己的养子。后来的岁月里，对五大臣的封赏更是络绎不绝。这种激励员工的手段永远不会过时，五大臣可以说是共同夯实了后金国的地基。

当努尔哈赤把建州归属于自己的旗下，并且筑城称王以后，他已经有了更远的理想。同时，他“默契的敌人”李成梁的突然卸任，使得他对自己的理想有了更多的期待。

第五章　战争简史之九部联军

努尔哈赤也知道，自己的壮大一定会引起明朝的猜忌，他也知道，明朝一向的政策就是铲除逐渐变强的部落，更何况是已经称王的自己。

努尔哈赤也清楚，他必须要消除明政府对他的猜忌。现在的他，不说对抗明朝，就是李成梁部队杀过来，他也顶不住，更何况还有海西女真四个大部落和蒙古一直看自己不顺眼。

所以努尔哈赤一直保持着对明朝俯首的姿态，以明朝的臣子自居，并且还帮助明朝扶持的海西王台的孙子歹商恢复了在海西的地位。

努尔哈赤更清楚，光有这些动作还不够，最好的办法是能够解决一个让明朝讨厌的对象。

我们看黑帮电影，有很多类似的情节：一个人想进黑社会，首先要杀掉一个组织的敌人，而这个敌人最好还是自己的朋友之类的人，这样才能以最快的速度获得黑社会组织的信任。

而这个让明朝讨厌的对象说来就来了。

万历十七年（公元1589年），一个女真首领克五十，屡次侵犯柴河堡（辽宁省铁岭），杀死了指挥官刘斧，然后逃到建州。这个时候，明朝追捕克五十的命令送到了建州。努尔哈赤二话不说，立即杀了克五十，到边关报告，并且派遣部下，到明廷进贡，表示忠顺，希望能够得到奖赏。

大家看到这个事情有没有想到其他的故事?

对了。

努尔哈赤的爸爸和爷爷给明军带路摧毁了努尔哈赤外公王杲的老巢。

尼堪外兰给明军带路摧毁了努尔哈赤舅舅阿台的城堡。

这种事情，原来不只努尔哈赤的爸爸会做，尼堪外兰会做，努尔哈赤也很熟练。

明朝得到克五十死亡的消息很高兴，再加上努尔哈赤的使臣出色的口才，让明朝飘飘欲仙，已然相信就是给努尔哈赤一百个虎胆，努尔哈赤也不敢造反。

这么优秀的狗，不养着怎么能行？给他好吃的！

明朝封努尔哈赤为都督佥事，还给了一堆其他的奖赏。这下，努尔哈赤有了明朝这么一个强壮的主子，不仅有了更高的官位，钱财物资也大大增加，在建州乃至东北都有了广泛的影响，说话嗓门都大得多了。明人评论此事说："奴儿哈赤既窃名号，夸耀东夷，则势愈强"，"遂雄长诸夷矣"。

俗话说枪打出头鸟，努尔哈赤发财了，旁边的人哪有不眼红的道理？

四方会谈与李成梁的卸任

眼看着努尔哈赤跟着明朝混，吃香的喝辣的，海西女真开始感到不爽。这里有四个部落：乌拉、哈达、叶赫和辉发。大家都在想，你努尔哈赤有什么本事？傍个大款就了不得了？这女真的地盘，还是要女真人说了算。

这种心态说成是仇富也好，说成是其他什么也好，反正你发财，邻居就是感觉不痛快，何况那些邻居还是有野心的邻居。

大家都不满，总要有人说出来，叶赫部最先忍不住了，最早对努尔哈赤提出了要求。

说到叶赫部，有段往事值得一提，在努尔哈赤十三副装甲起兵后不久，有一次经过叶赫部，叶赫部的首领认为努尔哈赤年轻有为，来日一定有所成就，就许下承诺把小女儿孟古嫁给努尔哈赤。1588 年，叶赫部履行承诺，将孟古嫁给了努尔哈赤，孟古就是后来清太宗皇太极的母亲。

这段时间建州和叶赫的关系还算不错，但关系不错只是因为双方都没有能力干掉对方。

努尔哈赤逐渐强大，叶赫部开始担心。这个有统一整个女真野心的部落曾一度拥有这个实力，但是在 1582 年和 1588 年被李成梁攻击两次之后，势力大衰，如今虽然还能称霸一方，却再也没有能力放眼整个女真了。

叶赫部不想退出历史舞台，所以他要努尔哈赤死，所以他提出了要求。

他派出使臣来到建州女真的佛阿拉城，对努尔哈赤说：乌拉、哈达、叶赫、辉发、建州，都是一个国家，怎么能分成五个部分呢？你的部下人多，我的部下人少，不如把你的额勒敏、扎库木两个地方随随便便选一个地方给我们，怎么样？

现在的努尔哈赤不再是当年那个面对诺米纳都忍气吞声的努尔哈赤了。他大怒之下，狠狠地斥责了叶赫部的使臣，拒绝了他们的领土要求。

被拒绝的叶赫部首领那林孛罗当然不甘心，他联合了海西其他两部哈达、辉发共同对努尔哈赤施加压力，要求努尔哈赤让出部分土地和财产。

这次会面的地点还是在建州佛阿拉城。结果当然可想而知，努尔哈赤远非当年的努尔哈赤，他经过战争的洗礼，手里有充足的兵力和钱财，纵使面对国际联盟的巨大压力，也没有屈服。

关于努尔哈赤如何拒绝三个部落的无理要求，还有形象的记载。据说努尔哈赤听了叶赫使者的话以后大怒，他一闪身“刷”的一声，抽出了雪亮的大刀，只见寒光一闪，“咔嚓”一声，眼前的桌子被劈成了两半。

霎时，众人目瞪口呆，努尔哈赤斥责说：你的主子兄弟二人，什么时候亲自统兵与强敌面对面地厮杀过，像一个男人那样战斗过？过去哈达部内部动乱，就像小孩子打架一样幼稚，你的主人趁乱图利，难道以为我像他们那样容易对付吗？你们部落的周围难道有围墙来阻挡我的兵马吗？我白天不能去，夜间也能去，你的主人能把我怎么样？你的主子只知道口出大话，那无济于事。岂不知过去我父祖被官军误杀了，朝廷给我敕书三十道，马三十匹，还送回灵柩，授我都督敕书，又封作都督佥事，每年例赏银八百两，赏蟒缎十五匹。你主人的父亲也被官军杀了，至今尸骨又在哪里？

努尔哈赤是何等人也？他是刀林箭雨中闯过来的，说话自然带有杀气。

三部使臣面无血色，呆呆听着，不敢答话。

努尔哈赤说完，写了一封信，派手下阿林察送到叶赫部，并命令阿林察说：你到叶赫部，当着那林孛罗兄弟的面读这封信，如果害怕不敢念的话，你就别回来了。

这下双方彻底谈崩了，战火开始燃烧。

就在这个时候，伴随努尔哈赤前半生的李成梁再次出现，不过这次他不再是强者的身份，而是一个普通的老人。

他辞职了。他的辞职加速了东北女真内部战争的爆发。

1591 年（万历十九年），叶赫部杀死了王台的孙子歹商。同时，李成梁的部下遭遇敌军，损失惨重，明朝廷的官员以此为借口开始攻击李成梁。对于李成梁这样远在塞外的武将，最害怕的就是朝廷丧失对他的信任，于是，李成梁主动请求辞职，以求能够保住性命。这个时候的李成梁已经 65 岁了。

李成梁辞职以后，继任者再也没能达到他控制东北局势的水平，于是，缺少了李成梁在外侧威胁的海西女真变得躁动不安。一个更大规模的军事行动开始在海西女真内部酝酿，行动的对象就是正在崛起的努尔哈赤。

次年，皇太极，也就是日后的清太宗出生了。

九部联军的落败

三百多年以后的 1900 年，八国联军攻入北京，慈禧带着光绪帝逃往西安。战争中的损失和战后签订的《辛丑条约》耗尽了中国的财富。

而在三百多年前的 1593 年，清朝的奠基者努尔哈赤却率兵打败了由叶赫部为核心的九部联军，一举树立其在女真族的领导地位。原本，这两件事没有关系，唯一有关系的是，当初努尔哈赤击败叶赫那拉奠定清朝，日后叶赫那拉氏败于外敌摧毁清朝。命运似乎早就已经注定。

历史，就是这样有趣。

不过，在九部联军之前，还有一次四部联军，这一次的领军人物还是叶赫部。没有了李成梁的牵制，叶赫部已经无所顾忌。只可惜这个时候的努尔哈赤早已不再是当年的努尔哈赤，叶赫部也不再是当年的那个叶赫部。

不知道李成梁是否思考过，他费尽心机削弱叶赫，却间接地成就了努尔哈赤，他当年不小心放走的年轻人却正在一手毁坏他经营二十二年的辽东局势。这是何等的讽刺？

历史，真是这样有趣。

话题还是回到努尔哈赤身上，儿孙自有儿孙福，他没有能力预见三百年以后的事情，要不然，他就会在死的时候下一道命令：爱新觉罗子孙有娶叶赫那拉氏为妻者，死后不得入宗庙。

前奏：　四部联军

公元1593年（万历二十一年），建州与九部之间的战争爆发了。战争的序幕是四部联军。六月的一天，叶赫部首领那林孛罗联合海西其他三部，突袭了建州的湖卜察寨。努尔哈赤闻讯，率兵前去追击，一直追到哈达部的地盘上，攻破了哈达部的富尔佳寨。

当努尔哈赤回兵时，哈达兵随后追来。努尔哈赤独自殿后。猛骨孛罗（哈达首领）见他一个人在后，便猛追过来。努尔哈赤回身一箭，射中了猛骨孛罗的战马，猛骨孛罗滚下战马。家仆泰穆布反应很快，扶着主人上了自己的战马，仓皇逃去。这一战，建州以十五人杀敌十二人，得到装甲六副，战马十八匹，胜利而归。

大家可能会想，就这几十个人的战斗，也算是战斗？就是一群小混混打群架而已。但是，与《孙子兵法》齐名的西方著名军事著作《战争论》早就说过：战争就是两个人搏斗的扩大版。

当时的女真部落散居，又加上长年混战，人口自然不多，能够仓促间组织起几十个人来打架，也算不容易了。而且，这里还有一个值得注意的细节。

当时的女真没有常备军，大家都是农民，只有大规模的战斗时，才会全民上战场。因此类似于海西四部的这样的突然偷袭，努尔哈赤想要在短时间内反击，就需要一支长期脱产的快速反应部队，可是他不能让手下的农民不干活吧，不干活大家吃什么？所以他只能够组织十几个人，估计也就是自己的亲兵。

女真内部这样打没关系，大家都是几十个人。可当努尔哈赤把目光放到明朝身上时，就会发现，明朝的军队是常备军，可以随时打过来，而且来一次就是成千上万的。你几十个人怎么打？

日后努尔哈赤建立八旗制度，正是鉴于军事行动的不便，一旦大规模的战争爆发，落后的动员体制根本无法跟上战争节奏。连军队都无法短时间内凑齐，还怎么和别人打仗。况且努尔哈赤面对的第一场大规模战争马上就要来了。

序曲：　战前准备

海西四部偷袭建州的行动失败，偷鸡不成蚀把米，这下子更为恼火，于是纷纷寻找新的联盟。这年的九月份（1593 年，万历二十一年），网罗起一个所谓的九个部落的联盟。

这九个部落包括叶赫部、乌拉部、辉发部、珠舍里部、讷殷部、锡伯部、卦勒察部和蒙古的科尔沁部等，兵分三路进犯建州。

大致中国历史上，所谓的几十万大军，所谓的联军，所谓的兵分三路之类，似乎很少有打胜仗的。战国东方六国联合攻秦，三国曹操下江南，前秦苻坚下江南，汉朝七国之乱无一例外地都以失败而告终。最近的一次在正统十四年（1449 年），明英宗御驾亲征，统率号称五十万大军进攻蒙古族的瓦剌，结果明军惨败，明英宗还被俘虏了。看来这不是一个好兆头。

这一次的九部联军以历史的巧合来看，已经注定了失败。这就像一个电影剧本，数字上庞大的对手只是为了给主角塑造形象。如果一定要问为什么失败的总是我，历史只能说：谁让你不是主角呢？配角只能失败。

话虽如此，但是真正面对看似来势汹汹的对手，身在局中的努尔哈赤却丝毫没有当主角的自豪感。他知道，一不小心，自己这个主角的地位就不保了。

所以，当努尔哈赤知道九部联军的消息之后，惶惶不可终日，这可不是闹着玩的，自己的老窝都可能保不住了。这在当时，任谁都会害怕，因为，根据联军叛逃到建州的人透露，这次的联军足足有三万人，这是在女真，要是换算成明朝的人口，足足有六十万还多。

不过，一个优秀的领导之所以优秀，不是自己不会害怕，而是不能把自己的害怕带给属下。不仅不能让属下知道自己害怕，还要装出一副胸有成竹的样子，只有这样，才不至于使团队军心涣散，否则，属下知道连领导都害怕了，这仗还怎么打？

同理，打仗的时候，将军带头杀过去，能够充分地刺激手下士兵的热情。对于一向冲锋在前的努尔哈赤来说，他当然很清楚这一点，所以他必须摆出一副沉着的样子。

战略上要藐视对手，战术上要重视对手。

努尔哈赤一面摆出轻松的模样，照常谈笑，甚至于在敌人到来之时还呼呼大睡。他对妻子说：我先前不知道敌人什么时候来，所以不能睡，现在知道敌人来了，我就安心了，为什么不能睡呢？

另一面努尔哈赤加强哨探，增设防备，同时给自己的军队详细分析了敌军和自己的情况。

他对部将说：敌军都是一些乌合之众，没有统一的指挥，临战必将退缩不前。两军相战，先要消灭他的统帅，敌兵必然溃散。我们兵虽然少，但集中全力，出其不意，必能大获全胜。

这句话可以说是努尔哈赤这么多年来打仗的精髓，不只这一次，就是在后来的萨尔浒以及辽阳和沈阳，努尔哈赤都是如法炮制，均取得了不错的战果。

战争一触即发。

终章： 古勒山之战

九部联军要实施消灭建州的计划，必须先通过古勒山，才能向建州都城佛阿拉进军。于是努尔哈赤事先在古勒山上建了军事设施，在通往佛阿拉的道路两旁埋伏了精兵，在险要地段设置滚木、礌石。

打头阵的叶赫部很快来到了古勒山下，努尔哈赤率军队在山下摆好阵势，派额亦都前往挑衅。叶赫部首领卜寨出兵应战，额亦都佯装败走，联军以为建州已经顶不住了，蜂拥而上，包围了古勒山，不知不觉间已经越过了浑河。联军人多势众，建州军占据山上，居高临下，双方杀得十分惨烈。

激战中，努尔哈赤使出了撒手锏——滚木、礌石。叶赫部的卜寨躲闪不及，被滚木砸中，随后被建州士兵杀死。叶赫部另一位首领那林孛罗看见卜寨被杀，惊吓过度昏倒在地。

两个首领的倒下使联军士气大减，各自逃跑，结果全都挤在古勒山与浑河之间狭窄的小路上。人多在这个时候反而成了坏事，联军士兵被踩死的和落水而死的比被杀死的人数还多。

努尔哈赤大获全胜，杀死联军四千多人，获得战马三千多匹，盔甲千副。乌拉部布占泰被擒。

这一仗彻底奠定了努尔哈赤在建州以及整个女真族的地位。

枪杆子里面出政权，打赢了仗，就什么都好说。要是有人不服，那就打到他服为止。有人不想统一，那就用战马和挎刀杀到统一为止。

趁你病要你命！借着打败九部联军的气势，努尔哈赤兼并了建州女真长白山分部的珠舍里部和讷殷部，实现了建州的完全统一。

战后建设与“牛录”

战争过后就是建设。双方谁都没有能力再打一场，于是都在家里抓紧医治战争的创伤。

击败九部联军固然是一场意义重大的胜利，但是只有平庸的人才会一直享受胜利带来的快感，而优秀的人会在胜利中找到自己的不足，制订计划，然后逐一行动，以便获得更多、更大的胜利。

有些人能够占据一方，雄霸一时，而有些人能够长盛不衰，地盘越来越大。很明显，努尔哈赤属于后者。他在这次大胜之后，没有像很多人一样大肆地封官封地、发钱发物。他清楚地知道外界的形势和自己的目标。

因为这一次的大胜，很多人的欲望被无限制地激发，很多人的野心急剧地膨胀。你们能打过来，我就能打过去，努尔哈赤可不是好惹的，惹上我就不要想甩开。此时，努尔哈赤的眼光已经放在了海西女真和野人女真的身上。

但是，对海西女真的战争并不是努尔哈赤未来的唯一工作，他知道，虽然叶赫部在这次九部联军的战斗中损失惨重，但他长期雄霸海西，实力还在。还有蒙古族也时刻虎视眈眈，这些都是努尔哈赤未来一段时间的工作重心。

以努尔哈赤现在的实力，想统一女真还欠缺很多。所以努尔哈赤要想办法使自己的实力扩大一点，再扩大一点。

努尔哈赤可不傻，他知道自己的弱点所在。

弱点之一是这些年来地盘扩大过快，虽然兼并了很多小部落，但是却疏于管理。当时自己在佛阿拉城称王，仅是一个权宜之计，是为了让部下安心地跟在自己后面，当时发布的一些规定也都是匆忙之间下达的，很多时候都是一句空话。结果到现在并没有一个正式的政权去管束手下的那些部落，他们想来就来，想走就走，不仅不利于生产，而且对社会的安定还有负面影响。

想想就知道，努尔哈赤的担心不无道理。今天这个部落还在我这里，明天一早就跑到叶赫部去了。这些部落还都带着武器、粮食、人口、马匹。你倒是可以一走了之，我怎么办？走一个还好，全走了呢？

弱点之二就是自己部下的一些部落军队，还是归原来的部落首领管理，命令由这些首领下达，这就会出现军队不听从自己指挥的问题。努尔哈赤不是没有教训，在万历十三年（公元 1585 年），努尔哈赤率领八十人，遇见了巴尔达等五个城主率领的八百人，形势相当危险，而族兄弟扎亲、桑古哩却解甲避战，其他七十多人也观望不前，对于这些，努尔哈赤毫无办法，只好与自己的三名亲兵勇敢地冲上去，不死真是上天的恩赐。

这是两个问题，一个是民政，一个是军政。而在战争年代，民政和军政是紧密结合的，民政支撑着战争的进行。所以努尔哈赤坚持两手抓，两手都要硬。

他没有太高的文化，也不是一个玩政府建设的高手，所以他只能从原来的东西里面改造。

自己的就是最好的。

他以女真原有的“牛录”组织为蓝本，开始为建州组织起一个军民合一的奴隶制集权政权。他要整合他的人民，他要整合他的军队。

牛录（汉语“箭”的意思）制度，原本是部落用来打猎时候的组织。女真人每次打猎，围捕猎物的时候，十个人为一组，各出箭一支，一个人为首领，九个人跟着。这个首领就是牛录额真（汉语“首领”的意思）。当年投降努尔哈赤的鄂尔果尼就获得了一个额真的职位。由于部落大小和人口数都不同，每个牛录的人数也不一样，少的有五六人，多的有三四十人。这是后来八旗制的前身。

到 1595 年（万历二十三年），努尔哈赤统兵已经上万。他把部落的人按照牛录的办法统一规划，由各部落首领组织生产和打仗。

军事将领由在城中的各部首领充任，以一年为限期，任期到了就更换。发生战争还是传箭为令。每个兵卒自备军粮、军器，到指定的地点集中。部落里的每一个男子都是士兵，平时生产，战时打仗。

历史上，有很多“兵民合一”的政策都和“牛录”类似。三国曹操就干过“士兵屯田”的事，金朝（不是努尔哈赤创立的后金）的“猛安谋克制”简直就是“牛录”的原始文件。一般情况下，采用这种办法都是没有办法的办法，他之所以存在都是因为外部环境的恶劣导致的。

外部环境有自然环境和社会环境。女真最初采用“牛录”是自然原因，不这样把大家组织起来打猎，大家就会饿死。努尔哈赤采用“牛录”是社会原因，战争过于频繁，经济条件很差，要是养一批职业军人专门打仗，生产就跟不上了，没有人生产大家吃什么？而且即使养职业军人，数量也太少，打仗又不够。所以大家只好全部当农民，也全部当兵。当农民能够锻炼身体，刚好打仗用得上。可见，在当时“牛录”算是最好的办法。

当然，这种体制只有在战争年代才会出现，一旦仗打完了，这种体制不破也得破了。人是有惰性的，战争的时候，反应不快就会死，大家都高度紧张，可是一旦不打仗了，谁还会保持高度紧张的状态？懒散的安定生活过久了，再去上战场不就是送死么。

施行这种体制之后，努尔哈赤能够切身体会到他对手下的掌握远超过去。他可以随时调动全部的人口，也可以准确掌握自己到底有多少头牛、多少匹马、多少部落。这种措施让他尝到了甜头，对权力的追求也更甚以往。

更要紧的是，他的这种部门领导负责制使手下那些原本很自私的部落首领不敢不听指挥。从此，建州军赏罚分明，战斗力日益增强，这一切为努尔哈赤进军东海女真与海西女真奠定了基础。

危机公关：远交与近攻

努尔哈赤一方面努力地使松散的建州凝聚成一个完整的集体，另一方面，他没有忘记自己的目标和对手。

明朝和朝鲜威胁最大，但他们内部问题很多，只要说些好话，给点东西，基本上的和平就能保证。

蒙古和乌拉离自己比较远，如果不和叶赫联合，还是可以拉拢的，最好的办法就是联姻。

剩下的就是叶赫，这个自己短时期内最大的敌人，一定要想办法消灭。所以努尔哈赤对诸贝勒大臣说：“砍到一棵大树，不可能一下子就砍到，必须要用斧头慢慢地削它的根部，等到大树根变细了，就能一下子砍断了，我们应该像砍树一样一个一个消灭对手。”

于是，远交与近攻的雏形就有了。安抚明朝和朝鲜，联合乌拉和蒙古，进攻叶赫及其追随者。

明朝

在努尔哈赤打败九部联军之后，他迫切地想知道明朝究竟是什么态度。他知道，即使明朝正如盛传中的那样腐败，或者还要腐败一些，他也打不过明朝，不仅打不过，连还手的能力都没有，明朝要是放弃对自己的支持，自己也就结束了。

此外，他还存在一丝念头想了解明朝的国内究竟是什么状态。大胜带来的野心让他开始对明朝的江山有了一点点的憧憬。

所以努尔哈赤竭力地表示忠于明朝皇帝，甘愿当明朝的臣子，永远不会反叛。不只嘴上说说，他还采取了很多措施。

一是不抢劫、不偷盗明朝的财产；

二是以前抢过来的人都送回明朝；

三是申请出军队帮明朝打日本人；

四是搞好和明朝军官的关系。

一个小小的明朝游击将军，他也尊称为“游府老爷”。他对李成梁更是百般迎合，屡送厚礼，甚至把弟弟舒尔哈齐的女儿嫁给李成梁的儿子李如柏为妾，当时人称努尔哈赤就像李成梁的儿子一样。

光有这些措施还不行，闻名不如见面，他还没有弄清明朝中枢机构的底细。为了探听虚实，打败九部联军后的 11 月份，他决定要入京朝贡。

当时入京可不像我们现在一张车票就可以进，他作为一个少数民族的首领，是不能随意进京的。

其实努尔哈赤早在 1590（万历十五年）就进过一次京城。那个时候他刚杀了克五十，立下了功劳，所以很放心。

但这一次进京对于努尔哈赤来说是一个危险的举动，他在东北的动静太大，如果明朝对自己的行为不满，自己的小命可能就保不住了。

不过，危险越大回报也越大，如果自己能够让明政府放心，如果再能够得到一些封赏，那么，自己日后在东北的日子就会更加舒服。相比起巨大的收益，努尔哈赤决定赌一把。

努尔哈赤这一次入京很顺利，没有想象中的刀光剑影。不仅这一次顺利，日后他连续三次入京，都没有出过问题（他于万历十八年至二十六年内五次入京朝贡）。不仅没有出问题，他还得到了高额的回报。

努尔哈赤先前已经被封为都督的称号，但是他不满意，他想要更高的官职，他想要得到“龙虎将军”的封号。

龙虎将军，是明朝武官的正二品散阶。

散阶就是指没有具体工作的官员级别。

宋朝以后，不管是考试还是花钱进入官场的人太多了，可是政府的职位就那么多，好多人没有事情做。

国家不能让这些人的时间和银子打了水漂啊，所以想出来这么一个办法，你有当官的级别，比如科级干部、局级干部，但是你没有具体的工作，你工资、保险、福利照拿，可是你不用上班，比如“户部员外郎”，表示你是户部的一个官，其实都是一个称号而已，表示自己是朝廷的人了。现在一些单位的名誉领导，就是散阶。

在此之前，只有曾经势力庞大到控制建州和海西的王台得到过这个级别的封号。官大一级压死人啊，因此当年王台的地位远远高于其他女真都督。鉴于这些好处，努尔哈赤对这个封号势在必得。

这次进京前一年（万历二十年），努尔哈赤就上了申请书，“乞讨金顶大帽服色及龙虎将军职衔”，可那个时候他的势力还不够大，明朝政府没有答应。开玩笑，小猫小狗也能得到这个职位?

努尔哈赤并不罢休，继续努力，这一次入京，他如愿了。

1595 年（万历二十三年），努尔哈赤得到了“龙虎将军”的职衔，成为女真各部中官阶最高、职衔最显的大酋长。这为抬高其政治地位，扩大势力，加速统一女真的进程，起了重要作用。

他升迁的理由是“保塞安民”。的确，他是保塞安民了，不过他保的是未来清朝的国土，安的是未来清朝的顺民。

朝鲜

朝鲜一直是一把对准着努尔哈赤的匕首。他要时刻小心，以免什么时候被暗杀，所以他刻意地和朝鲜保持融洽的关系。

可是关系偏偏坏了。

1595年（万历二十三年），朝鲜和建州之间发生了“渭源事件”，这本来是双方两个小部落之间的纠纷，可是朝鲜国派军队过江偷袭了建州。努尔哈赤虽然希望和朝鲜保持融洽关系，但也不会因此缩手缩脚，他积极调兵遣将，准备对朝鲜实施报复。

朝鲜是明朝的地盘啊，于是明朝留驻朝鲜王国的练兵游击将军发文件给建州，要求努尔哈赤不要与朝鲜王国为敌，不能将事态扩大。

努尔哈赤当然不想让事态扩大，他也只是做做样子而已。于是他给那个游击将军写了回信，表示自己遵守明朝国法，保卫九百五十里边境。

事情到这里还没有完。

中国的中央政府自古以来好面子，他给了少数民族好处以后，还总是喜欢派官员过去溜达一遍，以显示“皇恩浩荡”。

1596年2月，在升了努尔哈赤官职的第二年，明朝派官员余希元与朝鲜官员两名，率领随从两百人，出使建州。

帮人帮到底，送佛送到西。

这两句话用来比喻努尔哈赤对于明朝使臣的逢迎，再合适不过。

如果努尔哈赤写日记，他一定这样写：

初二 天气晴朗，有一个部落投降，明朝使臣过鸭绿江。

初五 派康古里前去慰问。令张海、何和理统领骑兵三百，侍卫保护。

初六 派骑兵六千人前去迎接。

初七 今天是个大日子。我与弟弟率骑兵三千于佛阿拉城外三十里摆下宴席迎接。城外二十五里处我派骑兵五千人在道路两旁迎接。城外十五里，我派步兵一万人列队欢迎。当晚设宴招待明朝和朝鲜的使臣。我对使臣说：我为明朝守卫边疆，朝鲜人被日本人打过来，我不仅给他们好吃好喝，还送他们回去，好人做的够彻底了，可是朝鲜却偷袭我。如果不是天朝的面子大，我早就打过去了。

初八 我这辈子从来没有这么恶心过，我需要对一个没上过战场的人如此低三下四。我今天又请使臣吃饭，又说：我对朝廷一片忠心。我和皇帝的关系很好，皇帝很信任我，还给了我很多赏赐。

初十 上帝，这群人终于走了。好在，不用和朝鲜人打仗了。

努尔哈赤的感觉就类似于招待一个上级下派的调研小组，不能得罪，还要好吃好喝。人家上面有人，不是努尔哈赤能得罪的。不过，由于努尔哈赤的努力，使得建州和朝鲜的关系得到缓解。

蒙古与乌拉

解除了明朝和朝鲜的威胁之后，就剩下蒙古族和乌拉部了。

蒙古人野战能力不逊于建州，不然也不会和庞大的明朝打了这么多年还不落下风。

努尔哈赤坚信：千万不要和比你牛的对手比一比谁更牛。

因此，努尔哈赤特别重视争取蒙古各部。

在击败九部联军的战争中建州俘获了不少蒙古士兵、马匹、武器，努尔哈赤让这些蒙古人身穿锦衣，骑上骏马，放回家。这些士兵深受感动，回去以后，对努尔哈赤赞不绝口。

努尔哈赤不放人又能怎么样？养着这些蒙古人？他干脆做了顺水人情，把他们放了，既讨好了蒙古人，又节省了粮食，一箭双雕。

政治场合没有感情可讲，谁要是讲感情，称兄道弟，谁就会死得很惨。只有利益才是永恒的真理。英国前首相丘吉尔说过：没有永恒的朋友，没有永恒的敌人，只有永恒的利益。不是常年在政坛摸爬滚打出来的人，是绝对说不出来这句话的。

科尔沁等蒙古部落不会因为你放回了几个俘虏就和你友好，他们的友好是为了做生意。蒙古和明朝打仗，物资紧缺，而建州得到朝廷的奖赏，正是有钱有东西的时候。

于是，科尔沁首领鄂巴派了一个数百人的团队，携带战马百匹，骆驼十匹，献给努尔哈赤。从此，蒙古科尔沁开始与建州相互交往。

不仅在这个时候努尔哈赤保持和蒙古的和平，即使到他建立后金以后，依旧和蒙古保持着不错的关系。后来的八旗兵里面就有蒙古八旗，那是蒙古人组成的军队，他们帮助努尔哈赤上战场，关系可见不浅。

此外，历史上赫赫有名的皇太极的妃子、顺治的母亲、康熙的祖母，被称作孝庄皇后的庄妃就是来自蒙古科尔沁部落，并且清代每一任皇帝的后宫都有来自蒙古的女性。

乌拉和建州距离比较远，位于松花江上游。在九部联军打败仗的那次，乌拉部酋长的弟弟布占泰成了俘虏，努尔哈赤给这个布占泰好吃好喝，就是不放人。乌拉部也没有办法。

这样关了三年，乌拉部出了变故，他们的首领和儿子在野外据说强奸两个妇女，被妇女的丈夫给杀了。这个首领和他的儿子的确是死了，可是死的原因却不见得这么奇怪。

部落酋长会看上两个普通的妇女？而且随行的卫队是干什么吃的？

不过不管是不是因为强奸妇女被杀，总之乌拉部首领被杀了，内部乱了。

努尔哈赤这个时候决定送布占泰回家，他派了两个大臣跟随布占泰回到了乌拉部，并帮助布占泰夺得了乌拉部首领的位子。

吃水不忘挖井人，当了首领的布占泰对努尔哈赤万分感激：这是个对我有大恩的人啊，我怎么能和他打仗呢？不能打，不仅不能打仗，还要搞好关系。自己的首领位子还没有坐稳，没有建州支持怎么行。

怎么搞好关系？联姻！努尔哈赤把弟弟的女儿嫁给布占泰，还给了他一堆盔甲和十道敕书。而布占泰就把妹妹嫁给努尔哈赤的弟弟舒尔哈齐。这之后双方又相互嫁娶多次，这关系算是确定了。

不过，熟归熟，该打你还是要打你。关系就是用来打破的。布占泰不想当建州的孙子，建州也容不下乌拉。当努尔哈赤消灭了叶赫以后，乌拉的历史就到头了，这当然是后话。此时，和各方搞好关系的努尔哈赤就要举起砍向叶赫部的屠刀。

第六章　战争简史之吞并海西女真

战争与和平

一切事情都有原因，找到这个原因，你就会知道下一步该怎么走。

——摘自街头盗版书《努尔哈赤大帝语录》

四百多年后，一个花了一块钱买下这本书的年轻人正蹲在墙角聚精会神地读着，嘴里还念念有词。忽然间一拍大腿：哎呀，怪不得昨晚打麻将会输，原来是因为上完厕所没洗手啊，真是晦气，不行，我今天把手洗干净，非得赢回来不可。

其实人生就是一场赌博，对于努尔哈赤来说，他一开始的赌资是自己的性命，年少轻狂，头断了也就碗大个疤，十八年以后又是一条好汉。

当努尔哈赤依靠搏命似的赌博赢回一大份产业的时候，他开始小心翼翼了。他不想死去，他已经有了广阔的世界，有了更加雄伟的计划。

一言不合，拔刀相向已经不再适合现在的努尔哈赤。他知道，该忍的时候就要忍，该出手的时候就要干净利落，毫不留情。

随着与九部联军战争的结束，不论是建州还是海西叶赫，都没有能力再打一仗，双方出现了短暂的和平。

努尔哈赤有工作要做，叶赫也有，他的权力层出问题了。

九部联军攻打古勒山的时候，叶赫首领卜寨被努尔哈赤杀死。后来，卜寨的弟弟那林孛罗向努尔哈赤索要哥哥的尸体，努尔哈赤把卜寨劈成两半，送回一半。那林孛罗既悲伤又气愤，却也无可奈何，于是竟生病死去。

按理说叶赫和努尔哈赤仇深似海，应该立刻火拼，可是上述我们说过，现在的他们竟然出现了短暂的和平。真是一个奇怪的现象。

其实，大家都知道过不了多久就会重新打起来，而且再打起来必然是你死我活。可是现在能力有限，大家只能面露笑容地坐到一起讨论和平问题。

这就是政治。虚伪，但是不能不要。

公元1597年（万历二十五年），叶赫、乌拉、哈达、辉发四部的使臣到了建州，向努尔哈赤赔礼道歉，表示今后愿意结亲和好。

新任的叶赫首领布扬古将妹妹东哥许配给努尔哈赤为妃（这个妹妹以后还会出现）。锦台什将女儿许配给努尔哈赤的次子代善为妻。

努尔哈赤知道这不过是死亡前的最后一次狂欢，他也知道叶赫为什么会来和自己结盟，他更知道自己下一步的任务是什么。

但在他的军队没有准备好之前，他只能笑脸相迎。于是他也积极地准备了盛大的婚礼，并杀牛设宴，与四部会盟。

女真各部结盟的时候，都杀白马、乌牛，发誓。杀白马祭拜天，杀乌牛祭拜地。这次会盟也如此。

叶赫等四部先后发誓说：从今以后，若不结亲和好，将像这牲口的下场一样凄惨。假如永远和好，可以永远吃上肉、喝上血，繁荣昌盛。

努尔哈赤也发了同样的盟誓，并对各部说：如果你们都遵守盟誓，我自然无话可说，若是违背盟言，三年以后，我必亲统大军讨伐。

努尔哈赤的这句话却没有把自己包括进去，仿佛他根本不会背叛誓言一样。

每个部落都清楚，这一次的结盟，是他们最后一次坐在一起，下一次见面只能在地狱。而努尔哈赤的三年也不过是一句空话，想打你，随时都会过来。

战争是为了和平，而和平也是为了酝酿新的战争。

一个少女与三个部落的灭亡

这个少女就是叶赫首领布扬古的妹妹东哥，这三个部落是哈达部、辉发部与乌拉部。

婚约阴谋

在前面虚伪的结盟会谈中，布扬古将自己的妹妹东哥嫁给了努尔哈赤。这个叫做东哥的少女惊才艳绝。努尔哈赤只要是男人，自然不会拒绝。

但是努尔哈赤万万没有想到的是，他居然被拒绝了。东哥表示，她不可能嫁给自己的杀父仇人，而且她还说，谁杀死了努尔哈赤，她就嫁给谁。

如果这的确是东哥自己的想法，我们不得不说，这个少女的独立和坚强的性格真是让人赞赏。但是，这个所谓的婚约从一开始就是真心的么？

未必，这个所谓的婚约从一开始可能就是一个阴谋，一个叶赫部利用女色来打垮建州和其他女真部落的阴谋。如果真的是这样，那就不得不说东哥真是一个蛇蝎美人，或许，她也没有别的选择。

叶赫和建州本来就有着深深的仇恨。布扬古是不是真的愿意将自己那么美貌的妹妹嫁给努尔哈赤还是一个大大的问号：这不是羊入虎口吗？而且，双方的战争已经不可避免，妹妹嫁过去根本起不到任何作用，根本就是肉包子打狗——有去无回的亏本买卖。

这一点，布扬古不是不清楚，他就是因为太清楚了，所以他决定和妹妹演一出戏：自己出面许诺婚约，妹妹出面否决婚约。

前面都只是猜测，唯一而且有力的证据是布扬古在妹妹拒绝婚约之后的反应——就在东哥宣布不嫁给努尔哈赤之后，布扬古贝勒立刻当众毁约，并向海西各部征婚，条件是杀死努尔哈赤。

一个部落的态度因为一个女子的反对就立刻来个一百八十度大转弯？这也过于儿戏了，这是愚人节么？这不是愚人节！真相永远只有一个，那就是叶赫根本就不打算把东哥嫁给努尔哈赤，这只不过是为杀努尔哈赤找一个借口而已。

哈达部的归顺

对于很多男人来说，杀死努尔哈赤绝对是一个极具诱惑力的事情，但努尔哈赤是随随便便就能被杀死的？在东哥发布追杀令以后的一年里，努尔哈赤安然无恙，还顺带去了一趟明朝的北京城，他又进贡去了。

进贡之前，他派兵攻打了女真东海部，这是1598年2月的事情。这个时候他的大儿子褚英已经长大，褚英和费英东带领一千士兵攻占了东海部的安褚拉库路和内河路。这是女真内部短暂停火之后的第一场战争，也可以看做是努尔哈赤统一女真各部的开始。

打仗需要借口，没有借口就要创造一个借口。

这次还没有等到努尔哈赤寻找到一个借口，别人就把借口送上门来了。

1599年（万历二十七年），哈达部出现内讧，这给了努尔哈赤千载难逢的机会。而东哥的魅力也开始展现。

哈达部内讧，叶赫首领锦台什趁机率兵抢劫了哈达部。哈达部只好向努尔哈赤求援，表示愿意将三个儿子送到建州作人质，请求努尔哈赤出兵。

哈达部对于建州和叶赫来说都很关键，哈达位处两个部落的中间，位置类似于东北和内地之间的山海关。建州想进攻叶赫，需要经过哈达，叶赫想攻打建州，也必须通过哈达。

努尔哈赤得到哈达部的请求，自然二话不说，立刻派兵前往。

这个消息很快被叶赫得知。叶赫就告诉哈达首领猛骨孛罗，说愿意将东哥嫁给他，但是猛骨孛罗不能向建州送人质，还要杀死建州士兵。

东哥可是一个绝世美女啊，猛骨孛罗爱江山也爱美人，就同意了叶赫部的计划。这一行为给了努尔哈赤完美的借口。努尔哈赤决定出兵攻打哈达部。

建州攻打哈达城并非一帆风顺，建州军伤亡惨重，但好在最终哈达城被攻破，猛骨孛罗被俘。猛骨孛罗是明朝廷的人，努尔哈赤放心不下，随后找了一个借口把他给杀了。

猛骨孛罗被杀引起明朝的不满，明政府责令努尔哈赤退出哈达，立猛骨孛罗的大儿子武尔古岱为哈达贝勒。这时，哈达发生饥荒，武尔古岱向努尔哈赤借粮赈饥，努尔哈赤乘机要挟：你想借粮食可以，但是你必须归顺我。武尔古岱无奈，只好同意，便于万历二十九年（1601年）取消了国号，哈达部灭亡。

消灭辉发部

努尔哈赤要攻打的对象不是随便拍桌子决定的。

他率先攻打安褚拉库路和内河路是因为这里盛产毛皮。最早灭亡哈达是为了控制哈达肥沃的土地，同时直接和叶赫接壤，增加对叶赫的威胁。

而接下来选择攻打辉发部则是因为辉发部一直都是叶赫部坚定的支持者，消灭辉发部可以直接削弱叶赫部的实力。同时，辉发部是叶赫部与乌拉部进行经济往来的通道，攻占辉发部，可以切断乌拉与叶赫之间的经济联系。并且，相较之下，叶赫最为强大，努尔哈赤计划把最后的晚餐留给叶赫，所以乌拉就是干掉辉发部之后的目标，而消灭掉辉发刚好可以和乌拉接壤。

由于上述的三个原因，努尔哈赤向他的第二个目标辉发部举起了屠刀，而东哥这个美丽的少女又出现了。

辉发部首领拜音达里曾派兵参与对建州的进攻，又加入九部联军。战败以后，他的部落有人反叛，逃到叶赫部。拜音达里不敢向叶赫部要人，只能求助于努尔哈赤。

努尔哈赤巴不得有人来求他，当然爽快地就带兵杀过去。看见建州的军队到了辉发部，叶赫部不高兴了，于是故技重施，又抛出东哥这个诱饵。

叶赫提出将东哥嫁给拜音达里，并且要辉发部送一个人质——拜音达里的儿子到叶赫。拜音达里同意了，立即与努尔哈赤断交。

但是叶赫没有履行诺言，而且放了拜音达里的鸽子（废话，当然不能履行诺言，人家还指望用这女孩子多赚几笔呢）。

拜音达里只好再次求助于努尔哈赤。努尔哈赤知道现在不是追究拜音达里不守信用的时候，于是很爽快地答应再次出兵帮助，并且将自己的女儿许配给拜音达里的儿子。

但是辉发部也不愿意接受人家摆布，拜音达里一方面在叶赫和建州之间徘徊，一方面修筑自己的城堡，试图抵抗。

努尔哈赤一再催促拜音达里的儿子前往建州迎亲，但是拜音达里的儿子还在叶赫部当人质，当然不能迎亲。

有了这个借口，万历三十五年（1607 年），努尔哈赤率军讨伐辉发部，拜音达里筑的城堡发挥了一定的作用，建州军队围攻了数日才打下这座城，努尔哈赤杀死了拜音达里父子，辉发灭亡。

吞并乌拉部

消灭了辉发部之后的努尔哈赤在海西只剩下两个对手，一个是叶赫，一个就是乌拉。叶赫内部很团结，实力很强大，不是那么容易对付的，相比之下，乌拉经过布占泰时期的动乱，实力受损。

努尔哈赤一贯的政策是柿子专捡软的捏。这是很高明的做法，“蚕食”消灭弱小的对手不但比较容易，而且不会引起大势力的注意。

乌拉部就这样成了努尔哈赤的下一个目标。

乌拉部的首领布占泰曾经在九部联军攻打建州的时候做了俘虏。后来努尔哈赤送他回到乌拉，还帮助他得到首领的位置，并且还把自己的亲生女儿嫁给了布占泰。所以在努尔哈赤攻打哈达和辉发的时候，双方的关系还是很不错的。

布占泰不是一个普通人，在建州的三年使他见识到建州的强大，他不想成为被牺牲的那个人，所以他要使自己变得强大。

他和叶赫以及建州保持良好的关系，不是没有目的。他和建州多次婚姻往来就是为了防止建州的侵犯。

逐渐强大的布占泰开始了自己的计划，他眼看努尔哈赤开始了统一女真的行动，知道时不我待，于是他把目标放在了东海女真的身上。他从1603 年开始，就发动了对东海女真的战争，并且取得了很好的战果。

随着辉发的灭亡，布占泰感到了危机，他逐渐靠拢叶赫部，而乌拉和叶赫一直反对建州的一个原因就是努尔哈赤不是根正苗红的猛哥帖木儿的后裔，所以努尔哈赤领导女真，他们不服气。当然，这些不过是借口而已，最终还是要靠拳头说话。

万历三十五年（1607 年）正月，乌拉部攻占下的东海瓦尔喀部，因为布占泰对待他们的态度恶劣，向努尔哈赤请求归附。

这样的好事努尔哈赤当然不会拒绝。

他让弟弟舒尔哈齐等领兵前往瓦尔喀部迎接瓦尔喀部落人们的眷属，布占泰知道后，“发兵万人”在图们江右岸乌碣岩拦截，结果建州军击败了乌拉军，取得大胜。史书记载“斩三千级，获马五千匹，甲三千副”，这是继打败九部联军之后建州取得的又一次关键性的胜利，从此乌拉部的势力大衰。

战争中努尔哈赤的军队既消灭了乌拉的有生力量，又收编东海女真兵多达五六千，实力进一步扩充。

在这场战斗中，努尔哈赤的第二个儿子代善开始崭露头角。这是一个优秀的家庭，家庭的军事基因尤其发达，军事将领层出不穷，努尔哈赤、舒尔哈齐、褚英、代善、皇太极，还有之后的多尔衮、康熙，人人都是能征善战之辈。

拥有这么多不会背叛的将领，努尔哈赤要是再不能成功，那真是天理难容了。

大败之后的布占泰有意投靠努尔哈赤，但是叶赫部又抛出了橄榄枝，这次的橄榄枝还是东哥。布占泰也无法抵挡东哥的诱惑，彻底断绝了与努尔哈赤的联系。而叶赫部依旧是违背承诺，没有给乌拉部支持。

终于在万历四十一年（1613 年）正月，努尔哈赤趁乌拉内部统治不稳，亲率大军征讨乌拉，攻占乌拉城，布占泰逃亡叶赫。乌拉灭亡。

哈达、辉发、乌拉先后被努尔哈赤消灭，历史上留下的唯一关联就只有东哥这个美女，可惜古代没有摄影技术，也没有写实风格的画像，我们终究不能知道这个东哥究竟美丽到何种程度。

不过，我们知道有一点永远不会变，所谓的美人计，有时可以成功，但这最终不过是一个微不足道的原因。把历史的发展归于一个少女身上，是躲避责任的表现。被消灭的部落为失败寻找借口，只好拿一个少女作挡箭牌。

这正是：二桃杀三士，一女夷三族。

对叶赫部的持久战

在相继消灭了哈达、辉发、乌拉三部之后，海西四部只剩下叶赫一根独苗。怕夜长梦多的努尔哈赤虽然一心想把叶赫吞并了，不过，等到他完成这个心愿，却已经是灭亡乌拉部的 7 年之后（1620 年）。

早在 1601 年（万历二十九年），努尔哈赤的妻子，皇太极的母亲叶赫那拉孟古病危，希望能够见自己母亲最后一面。努尔哈赤派人前往叶赫部，请金台什送孟古的母亲前来建州会面，因为双方有着深深的仇恨，金台什不答应，努尔哈赤非常生气，两部的关系更加糟糕。

消灭哈达之后，努尔哈赤的领土已经和叶赫直接相连，出于对叶赫部的痛恨，努尔哈赤出兵攻打叶赫，攻下了十多个寨子，掠夺了数千人口，双方的冲突迅速加剧。

1609 年（万历三十七年），在取得对乌拉部乌竭岩战斗的胜利之后，努尔哈赤和弟弟舒尔哈齐发动了大规模的对叶赫的战争，统率建州全部军队出征叶赫部。不过这一次，常胜将军努尔哈赤遭遇了惨败。

叶赫真的很强大。

一向以善战著称的建州军却败在了叶赫部军队手中。旷野上，建州步兵抵挡不住叶赫骑兵的攻击，损失过半，武器盔甲散布整个战场，舒尔哈齐受重伤，一年以后死去。

遭受失败的努尔哈赤当然不甘心，他积极重整军队，准备卷土重来。叶赫知道努尔哈赤不会善罢甘休，就请求明朝军队帮忙。

明朝因为努尔哈赤的壮大感到不安，就派出军队帮助叶赫守城。这个时候努尔哈赤还不敢公开和明朝作对，况且他也没有把握能够击败叶赫与明朝的联军，于是消灭叶赫的计划就流产了。

虽然对叶赫大规模用兵的计划被搁置，但是努尔哈赤却不时来一些小动作骚扰叶赫。在 1613 年消灭乌拉的时候，乌拉首领布占泰逃亡叶赫，努尔哈赤以此为借口，前后多次偷袭叶赫。

明枪易躲，暗箭难防。

叶赫部没有雷达，也没有电话，对努尔哈赤流氓式的打法无可奈何。

最大的一次偷袭在 1613 年的 9 月，努尔哈赤统率四万大军突袭叶赫部。叶赫部没有准备，先后有十九座城寨陷落。建州兵到处焚毁房屋、掠夺人口。

遭受惨重损失的叶赫再次向明朝投诉，说努尔哈赤有割据东北的企图。明政府见势不妙，就派遣使臣警告努尔哈赤不要轻举妄动。同时加派军队支援叶赫。

蒙古和努尔哈赤是联盟，眼看叶赫内外交困，也想盛一碗汤喝，就抢劫了叶赫部。眼看冬天到来，叶赫部却粮食短缺，许多叶赫部众都投奔到建州旗下。眼看叶赫可能瓦解，明朝赶忙拿出了大量的粮食、衣被、铁器送给叶赫，还加派火枪兵几千人帮助叶赫守城，总算让叶赫挺过了寒冷的冬天。

这个时候的努尔哈赤正处在筹备建立后金政权的前期，有一个相对安稳的外部环境相当重要，而且叶赫部已经被自己消磨得差不多了，此时的叶赫就如同一只垂老的雄狮，失去了过去的威胁，面对年轻的努尔哈赤，心有余而力不足。他就如同卡在努尔哈赤喉咙里的鸡骨头，咽不下，吐不出。

不过，努尔哈赤没有因为这根鸡骨头而吃不下饭，他不仅吃得饱，睡得香，而且越来越强壮。

他想一口气吞下叶赫，又担心明军的干涉，若专心对付明朝，却又担心叶赫从背后攻击他。所以努尔哈赤不得不放弃短期内灭掉叶赫的计划，专心经营自己的地盘，等到机会的到来。

直到万历四十七年（1619 年），努尔哈赤在萨尔浒击败了明朝军队，终于腾出手来的时候，叶赫部最后覆灭的命运已将来到。八月份，努尔哈赤率军亲征叶赫，命皇太极等四大贝勒攻西城布扬古，自己亲率大兵攻东城锦台什，布扬古和锦台什拒绝投降，城破被杀，叶赫灭亡。

努尔哈赤的恐惧

至此，二十年的战争，努尔哈赤算是真正地统一了海西女真。努尔哈赤也迎来了崭新的人生，尽管这个时候的他刚刚度过自己 60 岁的生日，他一共娶了十四位妻子，还先后有了二十四个子女。

六十岁，对于现在的一个普通人来说，一生中最重要的阶段已经过去，而对于努尔哈赤来说，他的一生才刚刚开始辉煌。

如果说六十岁之前只是甜点，那么六十岁之后才是正餐，可惜，努尔哈赤享受正餐的时间太短了。

在他那个时代，活到六十岁已经不算短。所以努尔哈赤已经开始担心自己何时会突然死去。

努尔哈赤在他的诞辰宴会上，百感交集地望着宽阔的大厅里面众多的妻子和儿女、亲人和朋友、部将和盟友，他仿佛回忆起少年时在积雪皑皑的长白山里挖人参，在冰封三尺的松花江上捕鱼，在野草茫茫的草原上抓野兽。

他又想起两年前，登上汗位建立大金国（后金）时的情景，自己戎马一生，何时曾想到会有今天，这个庞大的东北如今都在自己的手中。

如果当时有一个缩小的地图，努尔哈赤一定把地图紧紧地攥在手心中，心里大吼：看，整个东北都是我努某人的。我努某人也有今天。

是啊，人生就是这样奇妙。

努尔哈赤不指望自己能够活到八十或者一百岁，他也不需要活那么长的时间。他知道，即使他活到了八十岁，他也不能够上战场了。而对他来说，不能上战场，不如死去。

所以很多事情，他已经没有时间去完成，他能够做到的，就是在自己有限的生命里，把一切基础设施建设好，等到自己的子孙去完善。这样，一个庞大而坚固的后金国才能坚持下去，才能遥望南方的明朝。那里才是女真族最后的向往。

努尔哈赤坐在高高的大殿之上，冷冷地扫视着下面都快整个身体趴到地上的大大小小的臣子，心里一阵害怕。

这些人的脸我都看不见，我只能看到他们的背，我怎么知道他们是不是真的效忠于我？我怎么知道他们以后会不会对另外一个人也来这一套？我爱新觉罗家的子孙能不能继承我的位置？甚至于他们能不能安全地活下去？

努尔哈赤经历过太多的背叛与谎言，甚至于他自己也干过。

他不想这一切发生在他、他的家人以及他的国家上。他要建立一套机制，让他手下的人不能反抗，也不敢反抗。这是所有当皇帝的人都担心的事情，一旦他的大臣抛弃了他，他就瞬间一无所有，性命都难保。

努尔哈赤还有更深层次的忧虑，这种忧虑甚至比他担心手下人背叛他还要沉重。他经历过女真风云变幻的时代，知道如果他的后代无能，迟早也会被取代，但这不是他能管得了的事情了。

他给女真人定下的最终目标是关内广袤万里的大明朝。他也知道，明朝的腐败已经无可挽回，如果他的后代能够继续他的政策，打入关内只是时间问题。

但是打入关内之后呢？

这个时候的努尔哈赤不再对汉人的历史一无所知。

魏晋时候那么多的少数民族进入中原，现在在哪里？

自己的祖先前金国打入了关内，去没有能够消灭北宋。

那么强大的蒙古人在中原待了不到一百年就被赶走，原因又是什么？

如果是我们女真呢？我们进入了关内，一百年以后或许还存在，但是一百年过后，女真族还是女真族么？我们会不会像历史上所有进入中原的少数民族一样，不是被赶走，就是变成汉人？

努尔哈赤坚决不能容忍这样的事情发生，他要让他的女真不但现在无比纯洁，一百年乃至五百年、一千年以后都还是像现在一样有着独立的民族性格，不会被汉人同化。

一定要保持女真的单纯血液！努尔哈赤下定了决心。

所以他一直在寻找办法，寻找既能让后金国稳定，也能让女真族纯洁的方法。

努尔哈赤的努力从来没有间断。

这是一个长期的努力，不能在短时间内完成，努尔哈赤心知肚明。

望着底下正在大口吃肉、大口喝酒的众人，努尔哈赤嘴角露出了一丝得意的微笑。他对自己说：努尔哈赤，你能够做到的，你二十年前就已经开始做。你想做到的，将由你的后代去完成。

幸好，我已经早有准备。你们可能看不到，但是我的子孙、我的子民将会看到我的努力会带给你们怎么的明天。

前人栽树，后人才能乘凉。

话还是要从他准备建立后金国开始。

第七章　后金国是怎样炼成的！

从 1598 年努尔哈赤派军队攻打东海女真开始，一直到 1619 年彻底消灭叶赫部结束，这二十年里，努尔哈赤的生命中不仅仅只有海西女真一个名词。

他还顺便做了点别的事情，如果我们把这些别的事情和吞并海西女真当做一个整体来看待，就会发现，努尔哈赤的建州就是一部运转流畅的战争机器，它的每一个部件都配合得井井有条。

这些别的事情包括统一东海女真，创立满洲文字，建立八旗制度，建立后金，对明朝开战等等。

而这些事情的中心就是一件事：建立后金政权。后金不但是努尔哈赤一生战绩的见证，更是努尔哈赤为女真族奉献上的最好礼物。

后金国成立大典

这二十年内，努尔哈赤得到的土地已经可以建立一个国家了。

于是，他建立了一个国家，这个国家就是我们说的后金，当时叫金。

金国我们不陌生，北宋的时候没少进攻内地。

努尔哈赤建立的国家也叫做金，历史上为了称呼方便，叫做后金。

这一年是 1616 年，明朝万历四十四年。

建立国家的仪式按照汉族的传统，整个过程庄重肃穆，一丝不苟。

按照汉族的习惯，一个新皇帝登基前，必须要来一次公开、公正、公平的竞争，来表示自己当皇帝不但是上天的旨意，凡间的人也都是同意了的。

这个竞争就是首先必须要有朝中大臣的联名上书，表示全国的臣民希望这个人当皇帝，但是这个肯定会当上皇帝的人一定要推辞几次，表示自已的才能和品德都不够，还是另选贤能当皇帝的好，不要对社稷不负责任。

这群大臣就装作诚惶诚恐的样子，并连续上书表示，如果你不当这个皇帝，就会生灵涂炭，民不聊生，山崩地裂，宇宙塌陷。

连续的上书和推辞几次之后，这个皇帝就会下文件说：我本来不想当这个皇帝的，可是呢，既然大家都想让我当，我要是再推辞，就是不给你们面子，那我就勉勉强强当了这个皇帝了。但是既然我当了这个皇帝，以后要是有人不听我的话，就别怪我心狠手辣。

于是，大臣们都松了一口气，这下官位有保证了。群众也都松了一口气，终于不再折腾了，早一天当皇帝，早一点天下大赦啊。

虚荣心人人都有，所以努尔哈赤建立后金国也来了这么一套。

首先，八旗的各个贝勒、大臣举行会议，会议一致通过决议，认为努尔哈赤劳苦功高，德才兼备，举世无双，应该当大汗，建立国家，希望努尔哈赤批准。

努尔哈赤当然按照汉人的习惯，先推辞几下，表示大敌还在，死去的兄弟尸体还没有腐烂，我就当大汗，不太好吧。

这群贝勒又说：你要是不当，没有人管我们，不知道以后我们喝醉了会干出什么坏事来，你还是当了吧。

努尔哈赤又推辞了几次，只好说：那好吧，既然大家这么诚心，我就当了这个大汗，以后有肉同吃，有酒同喝。

于是皆大欢喜。

这年的正月初一，天气晴朗，风和日丽，万里无云。

大金国奠基揭牌仪式在这一天的下午开始。

大殿里面，所有的贝勒、大臣跪在地上，不敢仰视，递上了奏章。

努尔哈赤的贴身大臣额尔德尼接过奏章，大声地诵读。

奏章的内容大概如下：我们的领袖努尔哈赤带领我们走向了通往幸福生活的道路，实在是上天赐给我们的福分，应该当我们的大汗，成立一个国家。

这个国家的名字当然早就由努尔哈赤和大臣们商量好了，就叫“金”。

额尔德尼读完奏章以后，努尔哈赤带领大臣们走到门口，烧香祭拜上天，三跪九叩，然后回到大殿。这个时候各个部落的贝勒和官员都跪见努尔哈赤，向他们的新大汗表示祝贺。

晚上自然是吃喝玩乐。没有这些东西，让你当大汗有什么用?

这样，努尔哈赤成为了后金国的大汗。不过，他还不敢公然挑衅明朝，还不敢公然举起“奴隶主义大金国”的旗帜。他仍对明朝自称臣子。

大金国总算是建立了，年号叫做“天命”，表示自己是上天派来的。

可是，建立一个国家不是光有这些复杂的仪式就行了。国家可是搞实业的，不像现在很多皮包公司，去工商部门注册一下就搞定了。搞实业的公司得有现成的产品摆在那里，而成立一个国家之前的准备工作就更复杂。

后金国成立的准备工作远在1598年就开始了。这一年，努尔哈赤开始了统一女真的战争。

东北是我的地盘

一个国家，最重要的标志是领土。

有土地才有人口，有土地才有财富，有土地才有想要的一切。

努尔哈赤不会忘记，当年他十三太保闯江湖，居无定所，到处流浪，那种四处漂泊的滋味想必已经不堪回首。而当他占领建州放眼东北的时候，他惊喜地发现，东北这块地方可以变成他的私人领土。

东北，东临大海，北到极寒之地，西接大兴安岭（那个时候叫黑山），南有山海关。四面形成天然的屏障把东北严严实实地围起来。

别人进不来，他却可以打出去。

一个巨大的野心冒出来，把努尔哈赤吓了一跳。

“或许我可以占领整个东北，然后再往南……整个东北除了西部的蒙古族以外，全部都是女真部落。我只要和蒙古搞好关系，再统一了女真，那东北就是我爱新觉罗家的地盘了。”

这个模糊的念头不止一次在努尔哈赤的心里蹿出来。等到他真的羽翼丰满的时候，这个念头就逐渐变成了计划。这个计划庞大却又可行。

这个计划就是：稳住明朝和朝鲜，结盟蒙古，先灭海西女真，再占东海女真。

东海女真的覆灭

虽然消灭海西女真是最先提到日程安排上的事情，不过第一个动手的对象却是东海女真。东海女真主要包括窝集部和萨哈连部。

在随后二十年的消灭海西的战争中，努尔哈赤总是在战斗的间隙不断地对东海女真发动战争。

1598 年 2 月，乌拉布占泰占领东海部的安褚拉库路和内河路，并想把它们送给叶赫，努尔哈赤当然不能答应。褚英和费英东带领一千士兵攻占了这两个地方。

在随后的乌岩竭之战里，建州大败乌拉军队，在东海名声大噪。很多东海女真部落相继投降。

努尔哈赤首先攻打的对象是窝集部。

万历三十七年（1609 年）十二月，努尔哈赤派扈尔汉攻占了滹野路。

万历三十八年（1610 年）十一月，努尔哈赤派额亦都攻占了那木部鲁、绥分、宁古塔、尼马察等四路。

万历三十九年（1611 年）七月，努尔哈赤派费英东攻占了乌尔古宸、木伦二路。十二月，又派何和理和额亦都攻占了虎尔哈路和围扎库塔城。

万历四十二年（1614 年）十一月，努尔哈赤攻占雅揽、西临二路。

万历四十三年（1615 年）十一月，努尔哈赤攻占东额黑库伦、至顾纳喀库伦。

消灭了窝集部之后，东海女真只剩下萨哈连部。

万历四十四年（1616 年）七月，扈尔汉和安费扬古攻打黑龙江中游的萨哈连部，连续拿下河南河北诸寨三十六处，并趁冰封江面之际，率兵过江，一举攻取寨子十一处。然后又招降了使犬路、诺洛路和石拉忻路。

万历四十五年（1617 年），努尔哈赤再次派兵，征服了黑龙江下游和库页岛及附近岛屿。

这样，萨哈连部也被消灭。除了叶赫部还在苟延残喘以外，努尔哈赤已经完全统一了女真族。

叶赫部的挽歌

当努尔哈赤拿下了东海女真以后，叶赫部就完全成为了后金国的国中之城。但是叶赫部也不想坐以待毙，眼睁睁看着自己死亡，于是他们主动出击了。

不过，我们还是应该先提一下上述说过的当年引发三个部落灭亡的叶赫美女——东哥。

这个绝世美女难免要嫁人。

明万历四十三年（1615 年），这时候东哥年过三十，已经是老处女了。叶赫首领布扬古开始担心，权衡之下，布扬古最终将东哥许配给了蒙古喀尔喀部。

东哥原本是许配给努尔哈赤的，不管是不是真心，至少也有过天长地久的承诺，听到东哥出嫁的消息，努尔哈赤很气愤，想派兵抢亲，但是又担心明朝趁机打过来，只好耍耍小性子，发了一个诅咒，说这个女子罪大恶极，一定不会长命。

努尔哈赤果然是上天的儿子，说的话就是灵验，东哥出嫁后一年多就死了。

这个美女就这样平平淡淡地死了，大家可能有些遗憾。

不过不用遗憾，全面的战争就要来临。

万历四十六年（1618 年），叶赫首领金台什的儿子率军进攻后金。第二年，努尔哈赤就实施了报复。这一年，明朝大军前往攻打努尔哈赤，这就是有名的“萨尔浒大战”。叶赫打算参战，结果明军大败，叶赫慌忙撤退。

萨尔浒大战之后，明朝暂时没有能力攻打后金。于是努尔哈赤掉转军队，集中力量进攻叶赫。

此时的叶赫已经不是后金的对手。

金台什拒不投降，自焚而死。布扬古在得到降后不杀的保证后，弃城投降。努尔哈赤出尔反尔，杀了布扬古，叶赫部终于灭亡。

这个坚持和努尔哈赤斗争到底的部落还是没有能够逃过命运的捉弄，就这样消失在历史的长河中，除了给后人留下书写历史的一点素材之外，他们似乎一点生存的意义都没有。

在连续的战争过后，东北就剩下努尔哈赤一家势力了，现在他可以对明朝人或者蒙古人说：东北现在是我的地盘，想从此处过，留下买路财。

满文和八旗是后金的灵魂

在清朝二百多年的历史上，我们见过很多杰出的人物，但是这些人之所以杰出，全部都要归功于标题上的东西——满文和八旗。

而这两个东西全都是努尔哈赤的功劳。

满文

许多人到过故宫，那是清朝人在明朝的基础上扩建的庞大建筑群。

那里门上的匾额都用两种文字书写，一种是汉字，另一种就是满文。如果你站在大殿的里面面对门外，满文就会在手的右边，汉字在左边。右边是比较尊贵的一方。满族人以此来表示他们对比汉族的优越性。

今天，我们是一个多民族的大家庭，满汉不分家，但是在许多年以前，民族特征很明显的时候，你一个汉人跑过去说：我们汉族和你们满族是一家人，咱们别打了。别人会骂你是神经病。

这不是狭隘的民族观念的表现，而是在那个你死我活的年代，汉族和满族之间根本没有可能歇下来喝杯茶，讨论一下民族之间的和平问题。

如果说努尔哈赤没有建立后金，和平还是有希望的。在努尔哈赤建立了后金国，尤其是在满文创立之后，和平就已经成为了奢望。

没有哪一个国家成立之后没有攻打过别的国家，这不仅仅是野心，更是生存，只有消灭掉对方，才能保存自己。

女真族原本是有文字的，前提是我们认为北宋时期的金国女真就是现在东北女真的直系亲属。后来金国女真被蒙古人灭国，文字就逐渐遗失了。

到了明朝，东北女真逐渐恢复过来，可是文字却没有找回来。

文字，是用来说和写的。人都没有了，怎么说，怎么写?

当时女真分裂，谁也没有心思去管什么文字的事情，小命都保不住了，谁有闲工夫去管文字的事情?

所以女真官方的文件用的是蒙古语，而流传的书籍之类用的是汉语。怎么说女真族也是人人都会两门外语了。

女真人虽然会外语，却没有自己的语言。

努尔哈赤在统一战争中，不是没有遇到麻烦。而且更长远的计划里，文字是最重要的一个环节。所以当1599年努尔哈赤刚刚开始统一女真的时候，他就派人开始创造女真文字。

文字对于一个民族至关重要，它是一个民族的标志。

创造女真人的文字对于女真同样至关重要。特别是对当时的努尔哈赤来说，能看到一本自己的文字写的书就如同上个世纪50年代有一辆永久牌自行车一样可贵。

他知道，女真有了文字，才算真正的是一个集体了。

韩国人把汉字照搬过去，有了韩国文字。

日本人把过去汉字的偏旁拿过去，有了所谓日本文字。

1599年，努尔哈赤让额尔德尼和噶盖两个人去创造女真字。

创立一门文字可不是随随便便的事情，到底是象形文字还是拼音文字？到底是专门创造还是模仿现有的？

两人感到很困难，对努尔哈赤说，老大啊，这个工作不好做啊。我们只熟悉蒙古语和蒙古文字，却不知道怎么创立女真文字。

努尔哈赤是个通才，他告诉这两位大臣：你们认为编制女真字困难，难道学蒙古语就不困难了？虽然创造一门文字不容易，但还是有捷径的。你们按照蒙古字的形式写，但是按照我们女真的读音来读，这不就简单多了？

在得到努尔哈赤的建议之后，女真文字的创造最终完成。这就是后人所看到的老满文。后来皇太极的时候，对老满文加以修改，就是今天的满文了。

满文的创制和颁行，使女真族有了本民族的文字，它对于女真族内部的交往，汉族文化的传播以及女真族凝聚力的加强，都有着重大的作用。

这也是努尔哈赤为后代铺的第一块砖，他的算盘是，如果女真有了文字，日后进入关内应该不会那么容易被同化了。

努尔哈赤断然没有想到，即使他创立了女真文字，也确实把女真人融合成一个整体，但是当他们打入关内，数百年以后，他们还是变成了中华民族的一部分。

历史的潮流不可逆转，纵使你拥有雄兵百万，诗词千首，文章百篇。

文字就像中药，便于调养，但是疗程长，起效慢。努尔哈赤想短时期内稳固政权，还要用西药，西药药效猛，起效快，而且能形成抗体，长期保护。

他铺的第二块砖就是八旗制度。八旗制度就是西药。

八旗制度

自己的才是最好的。这一点努尔哈赤一直坚信。

因此，如何严密地控制自己手中的人是努尔哈赤一直思考的重大课题。

他从来没有相信过手下的人，他知道，手下的这些人之所以跟着他，是因为他足够强大。这些人的部落都是被他消灭的，很难保证他们对自己没有仇恨，也很难保证他们不会突然背叛自己。

而且自己逐渐掌握了整个女真，归降的人口和部落的规模已经很大，由于是战争时期，乱糟糟的没个条理。就像一大堆没有归档的文件，虽然知道有这么个文件在里面，可就是找不到。

努尔哈赤心里着急。

我对我的部众没有直接的领导权怎么行？我说向东，底下人听不到；我说要打仗，他们也不知道。就算人多又能怎么样？

我不知道那些部落的人都在干什么，心里是怎么想的，万一他们聚众背叛我怎么办？

东北连连打仗，农业生产荒废，我现在穷的都叮当响了，可是却指挥不动手下的部众去开荒，等到明军打过来，我就死定了。

不行，我要想办法。

这个办法就是八旗制度。它的模型就是努尔哈赤早就用过的牛录制度。

女真人建立的清帝国通常被认为是一个奇迹。因为17世纪的女真人，社会发育程度才达到西周时期的水平。

可就是这个只有几十万人口的民族，竟然征服并牢牢统治了人口将近一亿的汉族地区和蒙藏回疆广袤的土地。一个小小的民族能够实现这一点，其中的奥妙，就在被称为“八旗制度”的女真人的组织方式上。

女真族老祖宗创立起来的制度果然不一般，已经尝过牛录制度甜头的努尔哈赤决定要对牛录加以改进。

牛录管的人少！

少？少不要紧，可以扩大。

扩大以后的牛录最初是四旗，后来人口更多，就扩编到八旗。

1601年，努尔哈赤正式采用不同颜色的旗帜作为他手下每一个大部队的标志。初建时设四旗：黄旗、白旗、红旗、蓝旗。

努尔哈赤将牛录的人数增多，扩大到300人，每个牛录就是一个旗。这样，努尔哈赤拥有正规军1200人。

1614年因为统一女真的战争，归降的部落增多。努尔哈赤将四旗改为正黄、正白、正红、正蓝，并增设镶黄、镶白、镶红、镶蓝四旗，合称八旗，统率满、蒙、汉族军队。

在牛录上面增加甲喇，甲喇上增加固山，固山之上才是八旗。

五个牛录就是一个甲喇，由甲喇额真（主人）统领。五个甲喇就是一个固山，由固山额真统领。固山额真手下还有两个副手，叫做左右梅勒额真，协助固山额真管理固山。一个固山就是一个旗。

这样一个牛录300人，一个甲喇就是1500人，一个固山就是7500人。

八个旗就是八个固山，总共6万人。

牛录是八旗制度的基层单位，按照地理位置和血缘关系组成，并把三百人的牛录，分编成四个村子。可见，八旗制度是“以旗统人，以旗统兵”，又是“出则备战，入则务农”的兵民一体的制度，既管军事，也管民政和生产。

八旗兵平时生产，战时打仗，八个固山额真就是八个旗主，都由努尔哈赤的儿子、兄弟担任，以确保其忠诚度。他们既是军事统帅，又是政治首领，努尔哈赤是八旗的家长和最高统帅。

这样，努尔哈赤不但把手下的部落和军队严密地管理起来，而且还省去了复杂的行政机关。

一开始，八旗都是女真人组成，后来随着战争的扩大，又相继建立了蒙古八旗和汉军八旗。

满洲八旗和蒙古八旗主要是骑兵，汉军八旗也叫乌真超哈（重装部队），主要是炮兵。这样一共是24个旗，共有军队18万人。

类似的结构在中国民族历史上出现过不止一次，鲜卑族的府兵组织，金朝的猛安谋克，成吉思汗的十户、百户、千户、万户。几乎任何一个想打入内地的少数民族都靠这样的模式将自身组织起来，然后才能在战争中征服别人。

用现代的学术名词来解释，八旗这样的组织，是标准的金字塔结构，努尔哈赤就是金字塔的塔顶。这样的社会是一个一级战备状态的社会，这样的组织是战时社会组织，一切生活都是为了打仗。

内部要和谐

我们的和谐是人人有饭吃，人人能说话。

但在努尔哈赤建立的国家，和谐是人人有仗打，人人要听话。

这才是努尔哈赤需要的和谐。

为了这个和谐，一切都可以抛弃，包括亲人。

弟弟舒尔哈齐和大儿子褚英成为了政治游戏中的牺牲品。

尽管他们作战勇敢，战功赫赫。

但是努尔哈赤说杀你，就一定会杀你。

电影桥段里面总会出现这样的对白：

为什么要杀我？

因为你该死。

对努尔哈赤来说，谁侵犯了他的权力，谁就该死。

舒尔哈齐

舒尔哈齐是努尔哈赤的亲弟弟，在他们的亲生母亲喜塔拉氏额穆齐去世之前，兄弟俩生活得很平静。当母亲去世以后，哥哥努尔哈赤就成为了弟弟舒尔哈齐的依靠，兄弟俩相依为命，感情很好。

努尔哈赤起兵以后，弟弟舒尔哈齐一直伴随左右，虽然他的能力比不上后金五大臣，但是从血缘关系来说，舒尔哈齐才是努尔哈赤最信任的人。一些关键的战斗，更是兄弟俩一起上阵，或者舒尔哈齐作为努尔哈赤的眼睛，跟随军队出征，监督军队。

但是，政治圈里，什么都可以不要，唯独不能没有权力，作为努尔哈赤的弟弟，舒尔哈齐自然也想拥有哥哥那样的权威，这刚好触到了努尔哈赤的死穴。

家产越大，想多捞一点儿的人就越多。集团的规模越大，小团体就越多。

努尔哈赤集团也不例外。这个统治集团内部产生了分裂。弟弟舒尔哈齐看到努尔哈赤的权势不断扩张，心中失去平衡，开始在背后搞一些小动作。

1607 年（万历三十五年），在击败乌拉部的乌碣岩战斗中，舒尔哈齐消极怠工。努尔哈赤认为他不仅不认真工作，还经常抱怨，就不再给他带兵打仗的机会。

不让他打仗，却让他干活，这其实和抛弃没有区别，努尔哈赤要他派部众去修建一个城市，舒尔哈齐很生气，没有听话，而是带着部众去给自己造城。

眼看哥哥不再信任自己，舒尔哈齐也开始另找出路。1609 年（万历三十七年），努尔哈赤进攻叶赫部失败，舒尔哈齐趁着养伤的机会与自己的三个儿子密谋，企图投靠明朝和叶赫，并且把家搬出了费阿拉城。

努尔哈赤得知后大怒，劝其归来，可是舒尔哈齐不听劝告。努尔哈赤没收了舒尔哈齐的全部财产，杀了他的两个儿子，又把他的部将吊在树上烧死。

舒尔哈齐感到绝望，向努尔哈赤低头认错。努尔哈赤将他幽禁，1611 年（万历三十九年），舒尔哈齐旧伤复发，病死。

褚英

褚英出生在努尔哈赤最落魄的年代，跟随着父亲生里来死里去的。当他成人以后，就变成了努尔哈赤的得力助手，多次立下战功。

褚英作为努尔哈赤的第一个儿子，不出意外的话，将会是后金国的下一个皇帝。

但是，意外就是意外，该出的还是要出。

褚英是权力欲极强的人，虽然他也知道，自己的功劳很大，只要花上时间等待，不出大的差错，以后皇位一定是自己的。

不过很多人都有这种毛病，明知道这东西就是自己的，可还是希望越早弄到手越好。褚英等不及，他时刻都想寻机夺取父亲的权力。

1612 年（万历四十年），努尔哈赤有意让褚英成为自己的继承人，就让他负责处理政务。可是褚英得寸进尺，企图趁机夺权，他背着努尔哈赤离间五大臣，还胁迫四个弟弟对天发誓："不违抗长兄的话，什么话也不告诉父亲。"还扬言父亲死后，要把父亲分给弟弟们的财产重新分配。"再有和我关系不好的弟弟，和我不好的大臣们，在我称汗后就杀掉。"

四个弟弟和五大臣都不是善良的角色，他们联合向努尔哈赤报告了情况，努尔哈赤严厉地训斥褚英，收回了他的执政权。

但是褚英没有接受教训，他企图杀害努尔哈赤，进行武力夺权。他的具体行动有两个：一是写诅咒，这招很阴毒，在古代这种接近巫术的东西很让人害怕，褚英诅咒父亲、弟弟、五大臣，咒他们早死；二是如果出征乌拉的父亲被打败，就拒绝他们入城，然后派军队在城外杀死他们。

努尔哈赤归来后，得知褚英的阴谋，便将褚英逮捕审问，并将其监禁，可是褚英毫无悔改的意愿。三年以后，努尔哈赤认为"长子的存在，会败坏国家"，于 1615 年（万历四十三年）将他处死。

迁都与官制

努尔哈赤怎么说也算是建立了一个不大不小的国家，既然是国家就要有一个国家的样子，以前建都的那个小城费阿拉，努尔哈赤自然不满意。

费阿拉城不但面积小，交通还不方便，各种设施又不完善。对于马上要建立的后金国来说，选这个地方当首都，显得太不够气派了。

努尔哈赤决定迁都。

迁到哪里去呢？

只有一个地方适合——赫图阿拉。

这里是他出生的地方，也是他起兵后第一个占领的城市，他对这里有着特殊的感情。

1603 年（万历三十一年），努尔哈赤以费阿拉城狭小简陋、饮水困难为由，决定放弃费阿拉城，迁到不远处的赫图阿拉。

迁到赫图阿拉之后，努尔哈赤把这个城市翻新了一遍。

翻新之后的城市分为内城和外城。其实还是按照汉族筑城的习惯，内城修建得高大结实，住着自己的亲戚、大臣之类；外城住着军队、手工业者。北门和南门是军工厂，北门生产盔甲，南门生产箭支。

从此，赫图阿拉成为努尔哈赤的第一座都城，亦是他管辖地区的政治军事中心。

国家大了，自然事情就多了。

张三偷了李四家的鸡，怎么办？

王五杀了李六家的人，怎么办？

不能什么事情都让努尔哈赤决定，不然他非得累死。

皇帝，自然要有一群当官的人帮衬。

1615 年（万历四十三年），后金成立前夕，努尔哈赤发布了政府部门改革文件，对官位和职责进行了改革。

设立听讼大臣（大法官）五名，扎尔固齐（小法官）十名。凡是有人报案，先由小法官审理，再上达大法官复审，大法官复审后上告众贝勒。如果只是鸡毛蒜皮的小事，不是杀人抢劫等重要案件，众贝勒均可结案，而重大案件必须上报给努尔哈赤。

审理大案时，大汗坐在大殿上，报案的人跪在下边诉说自己的冤屈，准许被审的人申辩。最后，大汗根据情况作出判决。

五大臣、十扎尔固齐以下，设立判官（办事员）四十名；再设立荐举办事大臣（县长）八名，任务是专门守城和兼管乡间的事务；又委派十六名大臣（农业部长）管理仓粮。至此，军事、民事、经济、行政等国家管理机构已经具备了相当的规模。

各官设立后，努尔哈赤决定五天开一次会，众贝勒、大臣，每五日都要集合在大汗的衙门里，讨论国家大事，最后由大汗决断。

为了维护统治权利，努尔哈赤采取了严酷的手段镇压反抗者。他发布命令说：无论尼堪（即汉人）或蒙古人，若是偷越皇帝的边境，就立刻杀死。不论是谁，凡是看见偷越边境的人就杀掉，若是谁看见不杀，谁就要死。

这样，在长达二十年的时间里，努尔哈赤为后金的成立做好了一切准备。当他建立了后金，成立了国家之后，他的目光已经对准了在东北的明朝军队。

第八章　抚顺与清河之殇

说到微软公司，必然提到比尔·盖茨；说到努尔哈赤，必然要提到萨尔浒之战。

作为一个军人，努尔哈赤一生最大的成就不是成立后金国，那是政客的作为，他最感到骄傲的事情就是在萨尔浒这个地方击败了明朝军队。

而努尔哈赤获得萨尔浒战争胜利的直接原因则在于抚顺与清河的陷落。

说到抚顺与清河，首先要从所谓的“七大恨”开始。

所谓的“七大恨”!

公元1618年（万历四十六年），这一年是努尔哈赤的后金天命三年。努尔哈赤宣布要攻打明朝。他斩鸡头，烧黄纸，表示和明朝不共戴天。

我没有使用常用的“反叛”或者“背叛”等词语来形容努尔哈赤对明朝的用兵，而是把努尔哈赤的金国放在和明朝同样的位置之上，这样才能更客观地评价这段历史。

对一个国家开战要有理由，不能没有理由就打吧?

慈禧太后对外国开战是因为相信了外国人要她退位的假消息，她公开的理由是大清朝要奋发图强。

当年，努尔哈赤攻打赫图阿拉的理由是要杀死导致父亲遇害的凶手。

这些都是借口而已，借口的背后映射出一个人的品格。

努尔哈赤是一个不折不扣的真小人!

人前冠冕堂皇、背后鸡鸣狗盗之辈，历史上多了。

这一点我们从来都是从道德上评论，而不是个人能力。努尔哈赤的能力很强，但是人品却很低劣。

他打不过你的时候，就装孙子；他打得过你的时候，就装爷。

不仅装，还装的光明正大，正义凛然。

现在的历史书上经常夸奖那些用下作、流氓的手法获得利益的历史人物，说这些人多么多么的聪明，多么多么有手段。

刘邦把自己的子女丢下车独自逃命，我们说他多么伟大！

如果这是伟大，那我们要道德何用？

相反，对一些真正的好汉，不会装腔作势、耍阴谋的人，却往往报以不友好的态度。

项羽从来不会耍见不得人的阴谋害人，我们说他不够睿智！

如果这不是睿智，我们还讲什么君子坦荡荡？

这真是一个奇也怪也的现象！

历史是什么？历史就是一个个人。

历史教给我们什么？历史教给我们一个个做人的道理。

如果历史教给我们的都是权术、手段、虚伪、阴谋，我们情愿没有历史。

成王败寇，但不是君子，却是小人。

举国崇拜小人，可悲。

还有人说，我们要往前看，要站在中华民族的高度去看。那么你为什么不设身处地地想一下，如果你是明朝边关的平民，父母、妻子、朋友都惨死在后金的马刀之下，你会不会说：没关系，我为中华民族的团结和进步作出了贡献。

《大学》说，本乱而末治者，未之有也。

有些事情，本来就是错的，即使给它戴上再高的帽子，它也是错的。

努尔哈赤可以帮助李成梁屠杀女真人，也可以先后数次背叛诺言，甚至可以对明朝官员奴颜婢膝、把避难的同胞杀死邀功，在攻打明朝的时候更是把所在地的人口、财产、牲畜、工具洗劫一空，人要么杀死，要么变成奴隶。

这是何等的伟大？

我们不够伟大，我们站不到历史的制高点，我们只听到马刀下的冤魂在地狱里哭泣。

现在，这个努尔哈赤又做了另外一件伟大的事情——他宣布了“七大恨”，以此为由举兵攻打明朝。

我们曾经介绍过，努尔哈赤的爷爷和爸爸在明朝进攻阿台的时候被误杀。为此，明朝补偿了努尔哈赤价值不菲的财富（参见本书第三章）。

我们还应该再提及一次努尔哈赤得到的补偿。

《东华录》：“明遣使谢曰：‘非有意也，误耳！’乃归二祖丧，与敕三十道，马三十匹，封龙虎将军，复给都督敕书。”。

《清太祖实录》记载：“明因误害二祖，自此岁输银八百两，蟒缎十五匹，以通和好。”

因为他的祖、父被误杀了，除了一次性补偿之外，从此年年都给他财产。

八百两银是什么概念？相当于人民币 80 万。

死了两个人，明朝以如此至高无上的地位却赔礼道歉，每年还给大笔的财富。这么多年过去了，你说报仇？你当时怎么不说？拿够了好处就开始报仇？而努尔哈赤当时也并没有表示是明朝的错，他后来追杀了所谓的仇人尼堪外兰。

话说回来，如果说尼堪外兰该杀，努尔哈赤的爷爷、爸爸和努尔哈赤自己都该杀。因为他们都干过这些事情。

可谁让尼堪外兰不顶用呢，死了就死了吧。

努尔哈赤的仇也算是报了。

既然报了仇，你攻打明朝就没有理由了吧？

有理由，而且不止一条，共有七条。历史上叫做“七大恨”。

看着很吓人，这努尔哈赤和明朝有不共戴天的仇恨啊！

但仔细掂量下，就会发现，这些“恨”一条也站不住脚。

我们先看看所谓的“七大恨”是什么！

第一条：我的爷爷和爸爸没有抢过明朝一针一线，你们没有理由地打到女真里面来，把他们杀了。

第二条：你们杀了我亲人也就算了，我还是打算和你们做朋友的。但你们出尔反尔，随意进出我设立的边界线，并出兵帮助叶赫。

第三条：你们明朝人经常跑到我的地盘来抢东西，我按照规定把他们杀了，可是你们不遵守规定，把我派过去的人也抓过去杀了。

第四条：叶赫部的东哥本来是嫁给我的，可是你们明朝人派兵越过边境帮助叶赫，结果东哥嫁给了蒙古。

第五条：柴河、三岔、抚安这三个地方，我祖先世世代代守卫，在上面生产，可是你们明朝人把我们赶走了。

第六条：叶赫部得罪了上天，我按照上天的旨意去打它（不是我想打，上天的旨意，我没有办法），可是叶赫受你们明朝人指使写信骂我。

第七条：当年哈达帮助叶赫来打我，我要报复，上天已经把哈达人都赐给我了，可你们明朝人违背上天的旨意，胁迫我归还哈达的人口，结果让这群哈达人都跑到叶赫那里去了。我损失大啊，我们女真人在这里按照上天的旨意打架，谁生谁死都是上天的安排，你们明朝为什么从来不帮助我？你们违背上天的旨意，颠倒黑白，我实在无法忍受了。

这么多的恨，再不打你，我还是个男人么？因此必须开打。

我们先来分析一下这七大恨：

关于第一条亲人被杀。

努尔哈赤的前提是三个。

第一，我亲人没惹你。

第二，你们无故杀人。

第三，杀人后没有补偿。

首先，努尔哈赤的爷爷和爸爸曾经投靠努尔哈赤的外公王杲，王杲是个强盗头子，经常抢劫明朝边关，说他爷爷和爸爸没有参与，不可能。说个浅显易懂的道理，像这种投靠的人，自己的心态是多立功劳，主人的心态都是享福我来，送死你去。他爷爷和爸爸可能每次都是冲在最前面，抢的东西最多，杀的明朝人最多。

其次，明朝不是无故杀人，王杲作为建州的最大势力，屡次抢劫明朝边关，明朝攻打王杲怎么就没有理由了？清史里面也说王杲叛明，死有余辜。

第三，努尔哈赤的爷爷、爸爸死后，明朝的补偿很多，前面已经叙述过，这里不再浪费口水了。而且，努尔哈赤要是报仇，三十年前为什么不说？还屁颠屁颠地接受了明朝的赔偿？这和狼崽子有什么区别？

关于第二条边境线和出兵叶赫。

努尔哈赤的前提还是三个。

第一，努尔哈赤想和明朝和好。

第二，有边境线一说。

第三，帮助叶赫。

首先，如果努尔哈赤真的想和明朝和好，就不能翻出亲人被杀的历史烂账。如果不想和好，这一个前提就不攻自破。

其次，边境线？谁和谁的边境线？一个国家内部有边境线？努尔哈赤不总是以明朝官员自居么？都是明朝人，哪来的边境线？发烧烧糊涂了？

最后，努尔哈赤应该清楚，他攻打叶赫部的战斗从严格意义上来说都是明朝的内战，努尔哈赤作为建州的最高长官，却率兵攻打同为明朝统治的叶赫部，这难道叫做合理？明朝迫于现实，没有对女真进行更有效的管理，却成了努尔哈赤挑起内战的理由。

关于第三条越过边境杀人。

努尔哈赤的前提是四个。

第一，有边境。

第二，抢东西了。

第三，努尔哈赤杀人有理。

第四，明朝乱杀人。

首先，前文已经驳斥了边境一说，明朝边关居民没有越过边境。

其次，抢，指的是违背主人意愿从主人手中用暴力夺走物品。历史上或许有明朝军队或者居民肆意从女真人手中抢走物品的记载，但当时的传说是明朝人跑过去挖人参（这件事放在现在是不允许的，破坏植被）。那个时候，难道只准你女真人挖，不让汉人挖？不让挖那就不挖好了吧。反正都是你说的对。

第三，努尔哈赤把越过所谓边境的明朝人杀了。作为明朝官员，擅自杀害民众，是要受到明朝法律制裁的。努尔哈赤不仅没事，反而杀的有理由。

最后，努尔哈赤一个很大的理由就是明朝杀了十多个女真人。先不讨论这个理由是不是合理，我们先看两个类似事件。

法国以神父在广西被杀为理由，挑起第二次鸦片战争。

日本以士兵丢失要求进入宛平城搜查为理由，挑起“七七事变”。

历史上很多事情非常类似，让人不自觉产生联想。

关于第四条东哥出嫁。

努尔哈赤的前提是两个。东哥愿意嫁给努尔哈赤。明朝阻拦叶赫部把东哥嫁给努尔哈赤。

第一，前文已经说过，东哥因为努尔哈赤是杀父仇人，根本不愿意嫁给努尔哈赤，还宣布谁杀死努尔哈赤，她就嫁给谁。这固然是叶赫部的阴谋，可是努尔哈赤娶不到东哥是自己的事。

第二，叶赫原本不打算把东哥嫁给努尔哈赤，他们是死敌。叶赫把东哥嫁给蒙古的时候，明朝派军队保护，却没有阻拦东哥出嫁。相反，倒是努尔哈赤眼看东哥出嫁，想半路抢走，却因为有明朝的保护，没有动手。明朝反而倒是做错了，努尔哈赤抢亲却是对的。

关于第五条占了努尔哈赤的地盘。

努尔哈赤的前提有两个。

第一，那地方是他们家的。第二，他们家老早就占了这个地方。

首先，柴河、三岔、抚安这三个地方在今天的铁岭市。明正统年间修筑边墙后，铁岭在边墙之内。边墙之外西北部为蒙古部，东北部为海西女真叶赫、哈达与建州诸部地。从没有说过这三个地方就是努尔哈赤家的地盘。

其次，努尔哈赤家在建州赫图阿拉，离铁岭还有一段距离，况且，努尔哈赤家道中落，自身难保，投靠了王杲，哪里来的世世代代守卫的地方?

关于第二、四、六、七条明朝偏袒叶赫部，不帮助建州部。

努尔哈赤的前提有两个。

第一，明朝偏袒叶赫部。

第二，明朝不帮助建州部。

其实整个“七大恨”的核心就在明朝只帮助叶赫，不帮助建州这件事上。这是很有意思的理由。我们先不去理睬明朝有没有帮助建州部，只要想想努尔哈赤头上的“龙虎将军”的帽子是谁给的就知道了。

如果努尔哈赤“七大恨”被九泉之下的叶赫部以及哈达部的人知道的话，这些被杀死的人恐怕会请求阎王把他们放出来，做鬼也不会放过努尔哈赤，哪怕下辈子做猪做狗，也不能让努尔哈赤的谎言成为真话。

李成梁在东北二十多年，叶赫部和哈达部被狂砍无数次。要不然以努尔哈赤当时的实力，能活到今天？天大的笑话！

虽然我们用简单的推理推翻了努尔哈赤的每一条理由，但是，谁让努尔哈赤最后成功了？谁让他的子孙找了没骨气的文人帮他摇旗呐喊？

我们看待历史，没有所谓的伟大和平凡之分，我们只是想知道历史的真相究竟是什么。

努尔哈赤起兵攻打明朝究竟真的是明朝对他有难以赎回的罪过，还是努尔哈赤本性就是一个强盗？

强盗是不会和你讲道理的，即使讲出一堆道理，也全部都是谎言。

不过，努尔哈赤的起兵的确是符合女真人的利益，因为他们的部队所到之处，只留下空荡的屋子和燃烧的城墙，所有一切能带走的东西，他们绝对不会放过，战争能发财，还能抓到奴隶，这当然符合他们的利益。

感叹不能阻止历史的进程，宽容不会让强盗心生怜悯。

逆形已彰

李成梁的礼物

早在努尔哈赤成立后金国的十多年前，这个强盗集团就已经对明朝这块肥肉垂涎不已。而明朝东北第一武将李成梁再次阴魂不散地出现。这一次他的表演直接导致了明朝在东北的藩篱尽失，他也因此成为了汉民族的罪人。

1601 年，李成梁重新担任辽东总兵。按照惯例，他又带给努尔哈赤一个巨大的蛋糕：他放弃了宽甸六堡。

宽甸六堡本来就是在李成梁的建议之下修建的，按照李成梁的意思，朝廷修建了环山堡、险山堡和沿江新安四堡。著名的宽甸六堡位于鸭绿江以西，毗连建州女真，是防御女真的前哨，战略地位十分重要。

虽然六堡的位置很重要，可从另一种角度来讲，修建宽甸六堡也正是李成梁的愚蠢之处。这几座城堡完全阻隔住了明朝与努尔哈赤，任努尔哈赤在墙那边疯狂地发展，而这边却始终不知道。

可是，他最愚蠢的还在后面。到了万历三十四年（1606 年），这个地方已经有住户六万多。也正是这一年，二次出任辽东指挥官的李成梁废除了六堡。因为他看到了努尔哈赤的崛起，他跟朝廷说，这个家伙太厉害了，六堡是孤地，很难防守，撤了它。

于是，宽甸六堡被撤，六万多户人家从那里撤进辽东。有的人因为不愿意离开就被李成梁像杀猪一样地杀掉。李成梁不仅没有感到罪恶，反而向朝廷邀功。

宽甸六堡被撤，庞大而虚弱的明朝就赤裸裸地展现在努尔哈赤的眼前。

这个时候正是努尔哈赤快要有实力向明帝国开战的时候。我们现在无法猜透，李成梁怎么会和努尔哈赤这么有默契，他就像是努尔哈赤肚子里的蛔虫，努尔哈赤想要崛起，他就修一道墙不让明帝国看到，努尔哈赤想要与明帝国开战，他就立即把墙拆除。

人说，李成梁和努尔哈赤有着微妙的关系，其实，这已经不重要了。因为两个人无论有没有关系，努尔哈赤已经开始挥师南下。造成这一切结果的就是我们无法评说的李成梁大将军。

1609 年，李成梁再次卸任。

1610 年，努尔哈赤派军万人威胁开原。

1618 年，李成梁死去。

1618 年，努尔哈赤进攻抚顺。

历史的轨迹总是这般吻合。

当满洲人开始在辽东边境上横行的时候，李成梁已经死去。他的老家铁岭被努尔哈赤攻下来烧杀劫掠，他在阴间是否会为自己所做的一切而感到懊悔呢？

李成梁，万死不足以抵其过。

逆形已彰

有一种说法认为，“七大恨”有利于统一女真族的意志，树立明确的敌人。

不对，“七大恨”只是发布战争的命令，女真人的意志从出生起就已经统一，敌人也早就明确。

那就是明朝。

女真人，以及其他的游牧民族，对待农业社会的态度只有一个——杀过去，抢走他们的财富，烧光他们的房子，掳走他们的年轻人，年老的就杀死。

而当时女真人唯一能够找到的目标就是明朝。

除了明朝，他们找不到第二个对象。

这就和某个岛国一样，他们唯一能垂涎的地方只有朝鲜半岛和中国。

依照旧例，建州每年向明朝政府进贡蜂蜜。万历三十六年（公元1608年）以后，努尔哈赤已经有进兵辽东的计划，开始整军备战，以蜜充粮，贮谷实仓，决定停止向明廷贡蜜。

1608年，努尔哈赤停止向明朝进贡。努尔哈赤至明边，强裁参价，混用哈达部的敕书领赏。

1615年，努尔哈赤派兵占领柴河、抚安、三岔等地，并开荒种植。

1616年（万历四十四年），辽东发生严重的水灾，后金国发生灾荒，努尔哈赤命令本部居民到朝鲜王国去讨饭。

1617年，明军驻守清河城的官军出城采伐木材，被后金诛杀五十多人。此时，努尔哈赤的动作已经很明显，他想攻打明朝，独霸东北。

1618年4月（万历四十六年），他的屠刀指向了第一个目标——抚顺。

抚顺与清河的劫难

抚顺

抚顺，中国东北一个美丽的城市。“抚顺”这一名字始于1384年，明朝在浑河北岸高尔山下建砖城一座，取名抚顺城。所谓抚顺，就是“抚绥边疆，顺导夷民”之意。简单说来，就是安抚归顺的子民。

然而，这个城市的历史劫难却和它的名字截然相反。不是安抚归顺的子民，而是数次被所谓归顺的子民烧杀抢掠。

抚顺，这里曾经生活过一个近乎完美的人——雷锋，他曾被毛泽东主席评价为“伟大的共产主义战士”。

抚顺，一个悲伤的城市，一段永不能忘的耻辱历史——从1905年到1945年的40年时间里，日本侵略者先后制造屠杀案件六十多起，残杀抚顺人民二十多万。

然而，这不是抚顺灾难的开始，三百年前，抚顺就遭受了伤害。

当然，这一次不是日本，是女真族。

人们谈论女真，都会认为女真的骑兵犀利无比。然而，攻打抚顺的战争，我们却没有看到骑兵的犀利，看到的只有诡计和阴谋，还有一些永为人唾弃的卖国贼。

1618年4月，明朝驻抚顺游击官李永芳宣布在当月的十五号开抚顺马市，这个马市是努尔哈赤的祖宗董山创立的，没有想到，许多年后，这个马市却成了努尔哈赤攻打抚顺的一个天赐良机。

努尔哈赤和顾问团商议之后，采取了两套方案。

第一，派人联络抚顺的官员，诱降。

第二，派人趁马市的机会，装扮成商人混进城，刺探消息，里应外合。

十四日，大雨，努尔哈赤派五千人的军队装扮成商队，前往抚顺马市佯装交易。

八旗军兵分两路，左四旗冲东州、马根丹二城而去；右四旗由努尔哈赤亲自带领，直奔抚顺城而来。

十四日的夜晚，大雨。八旗军抵达抚顺城外。

十五日清晨，抚顺打开了城门，欢迎八方宾客。

后金“商队”缓缓往抚顺城赶去。

交易就要开始。

后金“商队”准备的商品是屠刀，明人准备的商品是生命。

满面笑容的女真人举起了屠刀。

“商队”变成了军队。

这并不奇怪，女真人的职业可以和以下各个名词画上等号。

无本经营的商人、农民、奴隶（对努尔哈赤而言）、奴隶主（对明朝人而言）、军队、强盗……

努尔哈赤的主力军队开始攻打抚顺城。

明朝军队经过短暂的抵抗，便悄无声息。

游击官李永芳与中军赵一鹤投降。

李永芳很聪明，他知道自己做短期的抵抗，可以显示自己的能力，不然投降以后的待遇会受到影响。

抵抗是为了投降以后多捞一点儿油水。油水到手了，努尔哈赤的一个孙女嫁给了李永芳。

李永芳很满足，总比死了好。

李永芳怕死，不代表所有的人都怕死。

汉族，最缺的是勇士，最不缺的还是勇士。

这些勇士，可以死，但是绝对不会投降。

千总（团长）王命印、把总（连长）王学道、唐铭顺等率领部下英雄抵抗，战死。

这不是我们看到的第一个战死在辽东的明朝将军，这也只是一个开始。

随他们死去的还有军民两万多人。

捐躯赴国难，视死忽如归。

日后，我们还会看到如下的名字：张承胤、邹储贤、杜松、刘綎……

死亡，不应该责怪能力，而应该缅怀勇气。

抚顺城战斗结束。东州、马根丹堡战斗结束。三个城市均告陷落。

陷落既是结束，也是开始。

对于努尔哈赤的军队而言，城市不重要，重要的是人口和财富。

女真军队开始洗劫。

“洗劫”这个词创造得很好：像水洗过一样的干净，什么都不留下。

《清史稿？太祖本纪》记录：毁其城。

越简单的记载越能看出背后的冷酷和残忍。

三个城市被摧毁，三十万人成为了奴隶，抢走的牲畜不计其数。

努尔哈赤抢到的财富，手下所有的军队瓜分了五天还没有分完。粮库中的粮食全部搬往赫图阿拉。

女真人不需要城市，城市只会束缚他们的手脚，他们遇到城市，攻占，然后烧毁。于是，三城被毁坏，努尔哈赤班师。

广宁城总兵官张承荫获悉抚顺城陷落的消息，率兵一万人追赶。

努尔哈赤回军迎战，皇太极设伏兵，张承荫战死，明军全军覆没。

这次巨大的收获不仅刺激了努尔哈赤的神经，更挑起了女真人的欲火，他们从来没有想到过明朝人是如此有钱。

他们也没有想到，明朝军队比他们想象中的还要脆弱。

努尔哈赤和女真人的眼睛里已经有了野兽一样的火焰。

没有钱？明朝人有。

没有牲畜？明朝人有。

没有粮食？明朝人有。

没有奴隶？明朝人就是！

如果这个时候，你是一个女真人，你对别人说，哪里的奴隶比较便宜，我想去买几个。别人都不好意思和你打招呼。奴隶还用买么？打明朝人去啊。

没有枪，没有炮，明朝人给我们造。

很快，按捺不住的女真人寻找到了下一个目标——清河城。

清河城

在攻打清河城之前，努尔哈赤还玩了一些小花招。

广宁总兵张承荫的军队被消灭以后，辽东的明朝军队实力大幅下滑。除了清河城还有上万人的军队以外，其他的一些据点只有几百上千人的散兵游勇驻守。

明朝内部矛盾重重，财政困难，想要短时期内迅速调集兵力前往辽东只是一个幻想。

辽东已经很空虚，空虚给了努尔哈赤机会。

五月份，努尔哈赤先后袭击了明朝在辽东的抚安堡、花豹冲、三岔儿堡等大小城堡十一处。

同样，努尔哈赤下令（或者他没有专门下令，因为这是惯例）洗劫的所有地方，在《清史稿？太祖本纪》中的记载还是简单的一句话：毁城，以其粟归。

十一座城市被毁，所有能见到、能搬走的东西，包括掠夺的人、畜、财物、粮食全部向赫图阿拉运去。还长在田里的庄稼怎么办？喂马！努尔哈赤把战马赶到田野上，毁坏了没有成熟的庄稼。

“我得不到的，也不留给你。”——摘自街头盗版书《努尔哈赤大帝语录》

努尔哈赤的行径，刺激了明朝的神经，这个已经垂死的帝国发怒了。

纵使反应缓慢，纵使财政困难，但是该打的还是要打。万历皇帝没有办法，只好拿出皇家的私房钱十万金，用作辽东军队的奖励基金。

同时，明朝任命杨镐为辽东经略使，就是中央政府驻辽东特别专员；并命令总兵官杜松、刘綎等连夜出山海关，拨太仆寺金六万两，以购买战马；又赐给杨镐上方剑，颁旨总兵官以下不听从命令的，以上方剑处斩。

太仆寺是专门管马的部门，尚且要掏钱出来买马，可以想到，明朝的财政困难到何种地步！

现实决定：仗，明朝暂时没有办法打；谈，是唯一的选择。

广宁巡抚因为朝廷援兵不到，只好先稳住局面，他派人到后金去讲和，要求后金返还所掠去的人口和占领的土地。

这只是权宜之计，想从强盗手中拿回被抢走的东西，只有消灭强盗。而战败者永远没有谈条件的资格。

努尔哈赤拒绝得理直气壮：这都是我抢回来的，怎么能还给你？你不是想要么？过来抢啊。

广宁巡抚哪里来的军队去抢？这一次的谈判就以屈辱的失败结束。

经常进贡的努尔哈赤对明朝的状况有深刻的了解，当他看到攻占抚顺的战斗结束以后的将近两个月的时间里，明朝雷声大雨点小的动静之后，更加深刻地明白了明朝的状况。

努尔哈赤放下心来，开始准备进攻清河城。

清河城是今天的辽宁本溪，是通往沈阳的必经之地。用熟悉的话来说：历来是兵家必争之地！况且，清河距离赫图阿拉最近。

努尔哈赤看中了辽阳和沈阳的富饶，清河是他眼中必须拔掉的一根刺。

1618 年，7 月，努尔哈赤进攻清河城。

不是所有的人都会投降，至少守卫清河城的勇士不会。

努尔哈赤遇到硬点子了。

经略使杨镐这个人虽然不堪大用，但是能够做到这个高位上的人，还不至于什么都不懂。

他来到辽东，首先布置了清河的防务，由此可见，此人还具有一些眼光。

他发现清河四面环山，只有一条向东的道路通向努尔哈赤的地盘，便告诉守城的总兵邹储贤一定要主动出战，守城只能是等死。

他还认真地修筑了城墙，布置了比较妥当的防守，土炮、火器还有滚木等装备也储备了不少。

努尔哈赤兵临清河城下。

几乎复制了历史上所有的败仗一样，邹储贤选择了死守，把主动权让给了努尔哈赤。

马谡据山死守，丢失了街亭；邹储贤据城死守，丢掉了清河。

历史的悲剧就在于这里，在正确还是错误的判断里，不是所有人都能选对，我们今天可以大肆地评论守城将军多么无能，士兵多么怕死，朝廷多么腐败。但是面对这些献出生命的军人的墓碑（甚至都没有墓碑），这些尖锐的批评，我们又如何能够不假思索地说出口？如果换成是你，换成是你去守卫清河城，你可以大无畏地捐献自己的生命么？

他们是无罪的，他们并不想死。

邹储贤没有采纳杨镐的建议主动出击，而选择了死守。这一死守彻底断送了明朝在辽东的局面。

对于邹储贤的选择，我们无谓再做非议，历史人物已经死去，我们无论怎么横加指责，他们也听不到。

历史的高度可以让我们看清楚很多事情，相反，身在历史之中，却让你看不清楚很多事情。

邹储贤的心里明白，清河城对于明朝在辽东的重要性，抚顺已经失守，清河必须要守住。

所以，守城才是邹储贤的关键使命，能否击败努尔哈赤不是他的任务。

邹储贤选择守，因为他对清河城的防守体系感到放心，事实上，清河城的防守也的确很牢固。邹储贤不选择出击，是因为他在等，等待朝廷的援军。他知道，如果他出击，输了，他就背上了千古的骂名。相反，如果他不出击，誓死防守，那么即使输了，也不会被后代唾骂。

更何况，清河城易守难攻，他就不相信，努尔哈赤真的能够攻进城来。

努尔哈赤当然攻不进城来，但是他可以像攻打抚顺城那样，派奸细进城，同时还派刚刚投降的汉奸李永芳去劝降。

邹储贤虽然不是一个杰出的将领，但至少他不是一个叛徒。

他断然拒绝诱降。

只有一战。

努尔哈赤的军队遇到了阻碍，他们先后八次攻城，均以失败告终。

最后，埋伏在城里的奸细出动了，城内发生动乱。清河城被攻破。

邹储贤知道大势已去，烧掉官衙，亲自披甲上阵，最终战死。

邹储贤虽然战死，清河城还有六千人的军队以及数万平民，他们和女真军队展开巷战，死万余人。侥幸生还的人被当做奴隶运往赫图阿拉。

依旧是同样的步骤，努尔哈赤烧毁了清河城，又命令将三岔堡到孤山堡一带所有的房屋全部焚毁，使明军从清河到抚顺之间找不到任何屏障。

努尔哈赤还打包卷走了清河所有的值钱的东西，无论是粮食还是衣服，并率马队毁坏了田里未成熟的庄稼。

此后，清河与抚顺方圆六十里地，不见人烟，无数平民饿死荒野，无数人家破人亡。

正如曹操《蒿里行》所写：白骨露于野，千里无鸡鸣。

努尔哈赤没有曹操的文学才华，但这丝毫不影响他杀人的兴趣，屠刀过后，寸草不生。

连续打下抚顺和清河之后，努尔哈赤暂且没有能力再发动新的战争，所以他采取流窜的方式，继续攻击辽东前线的明朝军队和平民。

九月，努尔哈赤再次派兵深入明边。从抚顺关口出发，沿边杀掠，一直到西北方的懿路，纵兵五十多里，俘虏一千多人，烧毁房屋几百间。

路经抚顺关时，他杀死了掠来的三百平民中二百九十九人，只留下一个人带书信到明边关，书中说：你们若是认为我做错了，我们就找个好日子打一场；若认为我做的对，就给大爷我送金银财宝过来。

这是我在历史上看过的最强悍的强盗！

明朝不是宋朝，可以当儿子，还送压岁钱。

明朝虽然苦难，但是面对外敌，从来没有退让过。

这，才是一个国家、一个民族最应该具有的性格！

努尔哈赤太嚣张了，明朝终于下定决心，准备倾全力出击，一次性地彻底消灭努尔哈赤。

这次的行动动静不小，后来的战争也很大，历史上叫做“萨尔浒之战”。

第九章　萨尔浒之战

抚顺和清河军事行动的惨败，震惊了明朝政府。先前中央官员还存在的战还是和的争论，在此刻已经显得苍白，无论最后的结果是战是和，这一场战争都必须要打。

如果选择了战争，那么就让这一场成为开始。

如果选择了和平，那么这一场战争能够让明朝在谈判桌上的底牌更厚。

如果战败，那么后果不堪设想。

可是谁能预料到最后的结果？特别是中央内阁那群连战场都没有上过的大学士们，他们除了高调谈论皇帝的私生活应该节俭之外，已经没有时间管军事问题了。

他们不管，军队还是出发了。

前传

1619 年（万历四十七年），3 月。

经过长时间的重整与协调，明朝的军队终于集结完毕，开始向赫图阿拉进军。

这次军事行动的目的是要占领后金国的首都赫图阿拉，彻底地消灭努尔哈赤。

这场战役关系到明朝的生死存亡，虽然当时的人没有注意，但是，按照日后的发展来看，这场战役对于明朝的国运至关重要。

而这场战争还没有打响，明军就已经输了。

决定一场战争胜负的因素可以包括很多，我们姑且简单列举一下：军队数量（最不靠谱的一个），单兵作战能力（有时效果不错），每次战斗投入军队数量（很关键），后勤（自己有的吃，对手没得吃最好），装备（打仗不能只靠嘴，还要有武器和盔甲，很关键），军队士气（这个最重要，但离不开前面几个条件的帮助，士兵不能光着身子上战场），将领水平（一个好的领导对一个团队来说是大脑），战术（这东西带有很大的偶然性，随机应变很重要）。

这场战争结束以后，我们会仔细分析上面的每一项，现在，先让我们随着明军的步伐，迈入战场。

二月二十四日，明军未出山海关，杨镐竟派遣一名女真人，前往后金去下战书，还叮嘱这个女真人一定要将战书送到。书中号称明朝出动大军四十七万，将于三月十五日，分四路挺进。

杨镐竟然公开将军队人数、进军日期、作战目标、军力部署通知敌方。

这是世界军事史上闻所未闻的愚蠢行为。

如果你没有看到历史书上这样记载，你一定认为我发疯了。

当你看到历史上真的这么记载，你一定认为杨镐疯了。

杨镐没有疯，他只是太自信了。

杨镐认为自己军队的实力已经足够，他还没有正面接触过努尔哈赤，明朝的情报系统还停留在十年前的水平，所以他不知道后金的军队究竟有多强大。

任何一个人手中掌握着十多万的军队，都会有一种“放眼天下，谁才是我的对手啊”的感觉。

何况是杨镐！

此人眼高于顶，狂妄自大，贪慕富贵，曾在万历援朝的战争中谎报军情被撤职。

军队也集合了，战书也下了，就剩下起程了。

杨镐也不啰唆，虽然起程那天，天降大雪，道路泥泞。

大军分为四路：

东路军从宽甸出发，指挥官刘綎，兵力3万；

南路军从清河出发，指挥官李如柏，兵力2万；

西路军从抚顺出发，指挥官杜松，兵力3万；

北路军从开原出发，指挥官马林，兵力2万。

四路军以杜松的部队最精锐，战斗力最强，是为主力。

我们先来介绍一下各路指挥官。

东路刘綎，将门虎子，父亲曾经是都督。此人武力惊人，力大无比，能单手托起一张放满酒菜的八仙桌；此人擅使大刀，所用镔铁大刀重一百二十斤，马上轮转如飞，天下称之为“刘大刀”；此人战功赫赫，曾多次镇压云南、广西等地的部族叛乱，参加过万历朝援朝的战争；此人性格贪婪，不仅自己贪，还带着部下一起抢劫，因此曾经被降职。

南路李如柏，原辽东总兵李成梁的二儿子。此人是个窝囊废，不过是凭借父亲的功劳而当上的将军，职业生涯先后多次被免官，还有多次主动请辞。距当上南路军指挥官一职，已经二十年没有上过战场。因为朝廷无人，才把李如柏赶鸭子上架，赶上了辽东战场。

西路杜松，此人是本次大军的一个亮点，脾气暴躁，曾在对蒙古的战争中立下功劳。但是他武艺高强，加上一身不知道天生还是后天打仗而导致的疤痕，让人不敢正视他。此人性格很有特点：他经常和自己过不去。一遇到不高兴的事情就会把盔甲都弄坏，像个孩子一样耍脾气，有时候还嚷着要出家当和尚。此人不犯错误几乎不可能，他原本犯了错误被撤职了，可是谁让明朝没有将领了，这个杜松又一次披挂上阵了。

北路马林，此人原本是个文人，父亲有几分本领，但是儿子却很不怎么样，历史上记录模糊。

就这么一群人组成了领导层。

杨镐：迂腐狂妄。

刘綎：贪财。

李如柏：废物一个。

杜松：人称“疯子”。

马林：拿笔杆子的。

一粒老鼠屎，可以毁坏一锅粥。而这里至少有三粒老鼠屎（我们暂且先除去武力惊人的刘綎和杜松，至少人家还可以上战场硬拼力气），这该毁坏多大一锅粥啊！

我们无语。

二十五日军队出发那天，照旧是要杀牲口祭旗的。

可是偏偏出了故障，一头牛，捅了三刀都没有死。

这似乎预兆了这场战争的结果，但是，明朝军队的统帅杨镐有“虽千万人吾往矣”的伟大决心。

于是部队开拔。

目标：后金国都城赫图阿拉。

杨镐的计划很完美，你努尔哈赤的都城在赫图阿拉，你总不能不要你的首都吧？你努尔哈赤的部队一定在赫图阿拉，那好，你等着，别跑，我杨镐这就过来和你打。

于是，杨镐很聪明地把部队分成了四个部分，从四路向赫图阿拉进发。

杨镐还规定，三月三号大家在赫图阿拉见面，率先到的打炮为信号。

杨镐心里高兴啊，想我四路大军齐聚赫图阿拉，努尔哈赤那厮一定被我击溃，跪地投降。我得胜还朝，好不威风。

杨镐一定学习过前文提到的德国人在200年以后写的《战争论》，他深刻理解了“战争，就是扩大了的搏斗”这句话，我有十几万人，你努尔哈赤不过几万人，我耗也能把你耗死。大不了我们两个人打你一个。

小样儿，还整不死你！

可惜，被整死的不是努尔哈赤，而是杨镐自己。

杨镐纸上谈兵，迂腐不堪，努尔哈赤可不一样。

这个女真的武装头目，可是打小就在这东北混江湖的，后来还在李成梁的手下当过打手，黑龙江上杀过人，松花江上越过货。

他指挥的军队特点很明显，快，干净，狡诈。

杨镐还没有出发，努尔哈赤就已经掌握了明军的动向。

他制订了策略，就等着明军到来。

开幕：杜松覆灭

杜松，前面介绍过，是个莽汉，极度情绪化的人。这类人，用的巧妙会很有用，但是千万不能让这种人当统帅。

笑话，你手里可是有着几万人的性命，万一一个芝麻大的事情惹毛了你，你一冲动，这几万人可就危险了。

这不，他被人激怒了，激怒他的人是那个什么也不会的李如柏大将军。

李如柏虽然什么都不会，但是因为老爹是李成梁，加上杨镐也是什么都不会，所以双方臭味相投，只要是李如柏的意见，杨镐都会采纳。

杜松虽然很疯狂，但是也颇有才华，在军事会议上提出的几点建议都还不错，他认为，各个部队之间还不熟悉，配合作战有问题，应该多加演习。可是李如柏听不进去，杨镐自然也不会采纳。

李如柏不采纳也就罢了，他还刺激杜松，对杜松冷嘲热讽。

“我说，老杜啊，你那么上心干什么啊？是不是怕头功被别人抢了啊？你放心，我们大伙给你机会，看你能不能把那个酋奴（努尔哈赤）抓回来？”

杜松哪里有度量容忍这种话？当即拍案而起。

他说：不要你们给我机会，我一个人，这就去杀光那群女真人。

有些人，无能，却喜欢坏事，比如李如柏。

有些人，有点本事，却成不了事，比如杜松。

他这一发怒，西路军的三万人马就完蛋了。

大军一行动，杜松就玩命似的带着自己的部队赶路。

二月二十八日部队刚从沈阳出发，第二天的中午就全部赶到了抚顺前线。

这中间，李如柏又干了一件坏事，他派人告诉杜松，说我从清河出发，马上就要抓住努尔哈赤了，你还不赶快跑？

杜松一听更着急了。到达抚顺的当天晚上，命令军队继续前进，先后越过抚顺关和浑河。

这三天，他的部队日行百里，加之东北天气严寒，部队早已疲惫不堪。火炮以及重型装备当然没有办法及时地跟上轻装部队的步伐，落在了后面。在渡过浑河的时候，他的部队遭到女真人的袭击，虽然损失不大，但是士气已经下降不少。

在三月一日这一天，杜松终于意识到自己的辎重还没有跟上，他不是傻子，所以决定大军驻扎于此。

他驻扎的地方叫做萨尔浒。

这个地方，成为了明朝最不堪的回忆。

就在杜松急匆匆行军的时候，努尔哈赤派军队一万五千多人前往萨尔浒以东的界藩山（位于浑河和苏子河交汇的三角地带）筑城。

杜松得到了努尔哈赤筑城的消息，出于军人的直觉，他敏锐地感觉到，这绝对是努尔哈赤的阴谋。

杜松认为，前往修建城市的一定不是所谓的步兵，而是努尔哈赤的主力部队，而一万五千多人也不过是个幌子。说不定修城的只有几百人，那万人以上的部队早就隐藏起来了。

他决定，一定要找到这支后金主力部队的位置，这将是他迈向赫图阿拉坚实的一步。而找到暗处后金部队的位置，一定要从在明处的后金部队下手。

所以，他把自己的部队分成两部：一部两万人原地驻守萨尔浒，等待辎重粮草的到来；一部一万人由自己率领前去攻打界藩城。

杜松的计划看上去很好，攻打界藩可以探听敌人的虚实。出于保险，他没有率几千人就去攻打界藩，而是一万人，这样即使不敌，也可以坚持抵抗等到后续部队到来。出于对后金主力部队的担心，万一自己攻打界藩面对了后金的主力，萨尔浒的两万人可以随时支援自己。

一静一动，相得益彰。

这本是引蛇出洞的好计谋。

可是，如果你面对一条比你还大的蛇，引蛇出洞就危险了。

况且，努尔哈赤修建的界藩城位于浑河和苏子河交汇的三角地带，如果杜松前往攻打界藩城，就必须越过苏子河，越过了苏子河就会背对大河作战。除了击败敌人，杜松已无逃脱的可能。

杜松的直觉没有错，修城的确是努尔哈赤的幌子，真正的部队早就隐藏起来了。

杜松的猜测却错了，这里隐藏的不是努尔哈赤的一支主力，而是努尔哈赤的全部主力。

一共八旗，六万人的骑兵部队。

杜松，步兵三万人，辎重尚且不在。

战争，很难打了。

杜松攻打界藩的消息很快被努尔哈赤获悉。

努尔哈赤立刻下令全军出动。

代善、皇太极带领两旗截击杜松，努尔哈赤亲率六旗猛打驻守萨尔浒的明军。

萨尔浒的两万明军步兵直接面对努尔哈赤六旗的四万五千骑兵。除去运送辎重的右翼营游击刘遇节所部逃跑以外，萨尔浒的明军被全部歼灭。

杜松的一万军队面对后金两旗的一万五千军队，鏖战多时，不落下风，甚至一度击败后金军队，正在吉林崖下休整。

萨尔浒大营被攻破的消息传来，杜松属下军心大乱。加之围攻萨尔浒大营的六旗部队的合围，杜松军已经被重重包围。

六万对一万。

大势已去。

杜松勇猛无比，带领士兵顽强突围，直到被后金军一箭射中头盔，箭支透过头盔，杜松身亡。

三月二日，全军覆灭。

历史上对本次战役中努尔哈赤的军力有所争论，不过据史料记载，本次战役努尔哈赤部队的番号全部出现。即使不到六万，也应该相去不远。

杜松的失败，神仙也没有办法。

进程：马林溃败

杜松的失败，必然会产生糟糕的影响。首先受到冲击的就是位于他北面的同事——北路军指挥官马林。

马林手下不只是汉军，他还有不少的叶赫军队，总数大概在三万左右。

马林从开原出发，沿铁岭一路南下，直奔三岔口而去。

原本的计划是三月二日，马林和杜松在抚顺关会合，然后分别进攻赫图阿拉（本人一直对此感到不解，既然要分别进攻，为什么还要首先会合？会合只会增加被发现的可能）。

不过，马林迟到了一天，而杜松又早到了一天。双方没有能够会合。

得到杜松进军的消息后，马林加快了行军的速度，于三月二日的夜晚到达了三岔口附近，这个时候，杜松被歼灭的消息传到了马林的军中。

马林非常惊慌，也怪不得他惊讶，四路大军中最精锐的一支部队在一天之内被全部歼灭，任谁都会惊慌失措，何况是马林这个拿笔杆子的。

不过既然能当上一军主帅，马林也并非一无是处。

他知道以杜松的能力尚且被消灭，自己的实力是不可能打过努尔哈赤的。而且自己和杜松的距离最近，也快接近赫图阿拉了。努尔哈赤的下一个目标一定是自己。

于是，他并没有贸然往前进发（或许是不敢），而是像杜松那样，找了一个地方驻扎下来。

他带领自己的直属部队约万余人在一个叫做尚间崖的地方集结，准备固守。

他的部下，文官潘宗颜，一向和马林不和。但是潘宗颜和杨镐有点关系，马林不好得罪，所以潘宗颜独自带领手下的几千人驻扎在距尚间崖三里远的斐芬山，算是和马林撇清了关系。

三月初三清晨，努尔哈赤消灭了杜松之后，率大军直扑马林而来。

马林军的先锋部队最先接上后金军，只一接触，立马溃败。

马林率主力出战，从清晨战至黄昏，终因寡不敌众，向北逃走。

马林逃走之后，退回开原固守。直到三个月以后努尔哈赤攻下开原城，马林战死。

这里还有一个故事，就是那个潘宗颜的命运。有史书记载说，这个潘宗颜认为马林无能，早就向明朝提出了抗议，作战中，马林畏敌不前，唯有文官潘宗颜奋勇杀敌，最后殉国。

不过，因为明朝的传统是重文轻武，对武将的打压前所未有。文官都被塑造成道德模范，如果这时候说这个文官逃跑，会很丢文官的面子。

根据事实来看，说潘宗颜没有逃跑的人有为文官开脱责任的嫌疑。

首先，马林能够以一万人对抗六万人，从清晨坚持到黄昏，已经不容易。日后马林战死开原城，如果此次是不战而逃，为何在开原城不再次逃跑？

其次，潘宗颜是背后中箭身亡，如果他真的奋勇抵抗，以他数千人的兵力一定不会攻击，而是防守，那箭却为何从背部射入？

这是历史谜案，不用多加追究。

只一点，三月三日晚，马林溃败。

四路大军已经失败了一半。

高潮：刘綎战死、李如柏退兵

左路两支明朝军队的快速失败，使得努尔哈赤能够迅速腾出手来专心对付右路的两支明军——南路的李如柏军队和东路的刘綎军队。

这两路军队中，首先遭到攻击的，是刘綎的部队。

刘綎从朝鲜边境出发，手中有上万人的朝鲜军队，加在一起兵力约有三万，是四路军中人数最多的一个。

但是人数最多不代表实力最强，一万人的朝鲜军队等同于无，人家是没办法，过来凑热闹的，可不是真心帮你打仗。

剩下的两万人来自全国各地，一万人是四川人，刘綎长期在四川上班，算是半个四川人，只喜欢自己的老乡，所以没有等到部队全部集合好，就率领自己家乡的兄弟们出发了。三万多人的部队，跟在刘綎后面的只有一万四川兵，一万朝鲜兵更是远远地落在后面。

这里面还有一个令人心酸的记录。

他的心腹问他：老爷，你为什么这么早就出发，不等后面的部队？

刘綎说道：我和杨镐关系不好，他这次给我这支杂牌军，就是想让我死，我这辈子受到国家的大恩，为国而死，没有怨言。我可以死，但是我的两个儿子还没有成年，不能死。我先进军，胜利了当然皆大欢喜，如果失败了，他们在后面就不会死了。

他的心腹又问：老爷，你为什么行军这么快啊？

刘綎说道：战争讲究天时、地利、人和。现在东北下雪，我们从中原过来都不适应，天时不利于我们；我们现在长白山，道路崎岖难行，丛林密布，翻山越岭的，对地形又不熟悉，地利也不利于我们。我们要是想打赢这一仗，只能依靠人和了。我只有抓紧时间，趁努尔哈赤还没有准备，才有可能打赢这一仗。

如果上述记载是真的，那么我们至少可以确定两件事。

第一，刘綎不是有勇无谋之辈，相反，他军事经验很丰富，眼光也不差。

第二，刘綎抱着必死的决心，部队的战斗力应该有所提高，最后战死，实在是实力的差距太大。

刘綎率军翻越长白山，本来就不容易，而且他距离赫图阿拉最远，又是在重山之间，信息闭塞，所以当他一路上辛苦地摧毁后金设置的障碍的时候，没有得到任何其他三路的消息。

虽说刘綎已经很努力地往目的地赶，可是直到三月初四，他才赶到距离赫图阿拉将近四十里地的浑河支流太子河附近。

这个时候，西路军杜松派人来送信了。

等等，这个杜松不是已经死了么?

的确，杜松死了，可是“令箭”（印章）被努尔哈赤得到。

这个人是努尔哈赤派来的。

努尔哈赤掌握了刘綎部队的位置，便派了一个明朝投降的士兵带着从杜松处捡到的“令箭”去找刘綎。

这个士兵见到刘綎就说：我们杜松将军已经包围了赫图阿拉，将军让你赶快赶过去一起攻城。

刘綎听到这个消息，担心功劳全部被杜松抢去，就命令部队抓紧前进。

朝鲜兵因为不是自己人，所以殿后，而且人家本来就一直在后面。

当天，当部队到达阿布达里岗时，遭遇到后金的伏击。

阿布达里岗这个地方道路狭窄，只能容纳一人一马通过，所以刘綎的部队就变成了一个长长的绳子。

皇太极埋伏在山上的丛林里，阿敏（舒尔哈齐的次子）埋伏在山冈的中间，代善埋伏在山冈的出口。

当刘綎的“绳子部队”一半进了山冈的时候，后金军队开始进攻。

这根绳子被割断了。

虽然处于极度不利的局面，但是刘綎和他的军队，就像刘綎一直希望的那样，不仅有着同样的家乡——四川，而且还有着同样的决心：可以战死，绝不会投降。

而刘綎本人更是让人痛心。

史书这样记载：

阵乱，綎中流矢，伤左臂，又战。

复伤右臂，犹鏖战不已。

内外断绝，面中一刀，截去半颊，犹左右冲突 。

手歼数十人而死。

白话文是这样的：

刘綎的阵形已经乱了。刘綎被箭射中，左臂受伤，坚持战斗。

右臂也受伤了，还是坚持战斗。

刘綎被围困，没有援兵。刘綎脸中了一刀，半个脸庞都被削去，还是来回厮杀不止。

直到又杀死十几个人，才死去。

这是刘綎一生的终结。

这不是军人的终结。

每一个大时代，都会有无数的军人死的和刘綎一样壮烈。

他们都是为了捍卫一些东西。

荣誉？尊严？

这些都不是重点。

重点是，刘綎和所有死去的士兵一样，都说了一句没有留在历史书上的话：我可以死去，但是我不会投降！

刘綎的军队完了，后面还有一万的朝鲜军队。

朝鲜军队？朝鲜军队！

他们投降后金，然后安然无恙地返回了朝鲜。

这就是明朝刚刚付出无数生命才从日本人手中挽救回来的朝鲜。

朝鲜军队的监军——明朝人乔一琦投崖而死。

乔一琦的死绝不输给刘綎。

英雄，不一定要在战场上死去。

文天祥也是投崖而死的。

狼牙山五壮士也是投崖而死的。

三路军队都完了，第四路军呢？那个李如柏呢？

下面让我们来讨论剩下的最后一支部队——李如柏的军队。

我一直弄不清楚一个问题，为什么李如柏没有到达赫图阿拉，而是一直在清河外的荒野里晃悠？

在四路大军中间，李如柏从清河出发，这里刚刚被努尔哈赤烧毁，地面障碍很少，而且清河距离赫图阿拉的距离最近，如果按照当初三月初三集合赫图阿拉的计划来看，李如柏是最轻松的一个。

有说法称，当时清河城与赫图阿拉之间山高路陡，森林茂密，行军不便。

以现在的环境来看，这里没有高山，也没有森林。努尔哈赤在一年前还放火烧过这里，有森林也应该被烧光了。那么对比刘綎呢？李如柏在平原上还说道路崎岖，刘綎岂不是在喜马拉雅山上行军？

我们可以回忆，一年前努尔哈赤从赫图阿拉出发攻打清河城，花了多长时间？

一天！

努尔哈赤就花了一天时间。

即使李如柏的部队都是步兵，三天应该可以了吧？

清河距赫图阿拉不过一百多里地的路程，李如柏却等到刘綎被杀之后还没有到达赫图阿拉，这究竟是为什么？

我们很难解释清楚，李如柏究竟是怎么带的军队，或许说，这里面真的存在李如柏当了汉奸的可能。

原因如下：

首先，李如柏的父亲是李成梁，他与努尔哈赤的金钱关系一直很好。李如柏的一个小妾是努尔哈赤弟弟舒尔哈齐的女儿。

其次，消灭了杜松和马林之后，努尔哈赤不管怎么说都应该先攻打李如柏才是，因为他距离努尔哈赤最近，实力比刘綎要强大。而且交通方便，随时可以杀过来，刘綎则在四十里之外，而且还要通过狭窄的阿布达里岗，努尔哈赤派一支军队牵制一下，拖个半天一天的没有问题。

最后，最直接的证据就是，当努尔哈赤决定攻击刘綎部队的时候，他倾巢出动，只留下四千人的部队守卫赫图阿拉。

四千人！

李如柏有多少军队？

两万！

努尔哈赤敢于冒着都城被攻陷的风险而去攻打刘綎，这意味着什么？

不是赌博！

是默契！双方达成了默契。

刘綎被歼灭了，杨镐总算得到了消息，他赶忙让李如柏率兵回来。这条命令正中李如柏的心窝，他回来的速度像一阵风，一点儿损伤也没有。

但是，即使你回来了，而且一点儿损伤也没有，可是你终究是可耻的。

大明朝以前只会耽误事的言官们这次找到了话柄，他们一致认为，李如柏有通敌卖国的嫌疑，要求制裁。

我们不知道李如柏究竟有没有通敌的事实，但是明政府“宁信其有，不信其无”，罢免了李如柏的官职。

李如柏自己也感受到上司、同事、下属鄙夷的眼光，终于有一天在家中自杀。

李如柏自杀了。

自杀有什么用？

能挽回萨尔浒战场上死去的五万英灵吗？

能挽回明朝在辽东的颓势吗？

不能，这是一次迟到的死亡，他本来可以战死沙场。

至此，分四路出击的明军三路败北，四位总兵战死，阵亡道员、副总兵、参将、游击等官三百一十余员，兵丁死亡四万五千八百余名，丢失马骡驼二万余匹，遗弃火器等武器二万件。

闻名于世的萨尔浒之战，以明军惨败而结束。

这一年努尔哈赤已经61岁。

辽东大势已去。明朝大势已去。

这么大的失败，底下的人想瞒也瞒不住，万历皇帝知道了。

万历皇帝虽然很多年都不理政事，但是，萨尔浒之战非同小可。

打赢了，他就有了可以和他的祖宗太祖朱元璋、成祖朱棣相提并论的赫赫战功。

打输了，他就会和那几个不成器的祖先一样被人鄙视，例如被蒙古人逮去的英宗朱祁镇。

他还是很在意这场战争的胜负的。

可是现在输了，输了总要追究责任吧。

他想追究责任，可是追究谁呢？

管事的人只活了三个：杨镐、马林、李如柏。

马林是个例外，人家不是没有打，是打不过，没有办法，杜松都输了，何况马林，而且马林跑到了开原。

所以万历说，你马林给朕把开原那里守住，也算是戴罪立功，所以马林没事。

李如柏呢？前面提到，被免职，日后自杀在家里。

还剩下一个杨镐。

不等万历皇帝发话，手下的一帮言官首先跳出来。

言官干什么的？找茬的！

而且，在明朝的中后期，言官的威力非常之大。

当时有“清议”这一说法。

“清议”本来是东汉就有的，作用是一旦皇帝无能，宦官或者外戚专权，一帮大学专业是儒家道德的官员就会自动形成小集团，来和宦官以及外戚对抗。

对抗本来是好事，可是后来就变味了，变成为了“对抗”而“对抗”。

不管你朝廷有什么决定，我就是反对。

如果决定的确有问题，那就不用找借口；如果决定没有问题，那么就是作决定的官员人品有问题。

言官们的结论是：杨镐不但能力有问题，人品更有问题，道德败坏。

不久之后，杨镐被逮捕，关进了监狱，被判处死刑，缓刑十年后处斩。

萨尔浒之战后的责任追究算是结束了。

可是，究竟为什么会失败？真的如盛传的那样，努尔哈赤以少胜多？

结束：明朝为什么会战败？

各位看官，话说当时，明朝以经略使杨镐为统兵大将，领兵四十七万之多，麾下大将何止千人，于二月二十五日这一天，祭天拜地，兵分四路，直奔金国大本营——赫图阿拉城。

大军满山遍野，多如牛毛，气盖日月。

可努尔哈赤乃不世之豪杰，率八旗子弟，虽不足六万，在萨尔浒一带，与四十万明军相遇，奋勇抵抗。

这一仗，从清晨杀到黄昏，又从黄昏杀到清晨。直到第三天的傍晚，眼看大金寡不敌众，忽然狂风大作，飞沙走石，天昏地暗，努尔哈赤率一队骑兵斜刺里杀出，为首大将乃第八子皇太极是也。

只见皇太极身下一匹赤兔马，手舞青龙偃月刀，人挡杀人，佛挡杀佛，明军溃不成军……

哦？不好意思，不好意思，各位城管叔叔、大爷、亲爹，在下囊中羞涩，只好在此摆摊说书，混口饭吃。

有执照么？

执照？没有！

……

唉，你们别拿走啊，我就那么点钱啊！

靠，就算我说的是假的，你们也不能就这么拿走啊。

什么？你说的是假的？

废话，当然是假的，你以为打仗那么容易？就你用六万对人家四十万？半小时就被杀光了。

上面这一段故事，纯属虚构，如有雷同，纯属巧合。只是为了轻松一下，各位读者不要深究。

不过，萨尔浒之战并不是现在所说的那样，努尔哈赤以少胜多。这以少胜多，只不过是纸面上的数字对比，如果真的能够这样对比，那么，中国可以占领全世界（除了印度），英国也不会拥有全球那么多的殖民地。

失败早已注定，原因，我们慢慢说来。

前面提到，一次战斗的成败包括了很多的因素。例如军队绝对人数、每次战斗投入兵力、后勤、装备、军队类型、意志力、战术、环境、将领素质等等。我们就从这九个方面逐一对比明朝和后金。

绝对军队人数和单兵作战能力

明朝

外界盛传四十七万，事实上，这绝对是夸大的数据。

曹操攻打荆州号称百万，前秦苻坚攻打江南也号称百万，谁能单纯地相信真的有百万雄兵？

依据史料记载：

东路刘綎军队两万人。

南路李如柏军队两万人。

西路杜松军队三万人。

北路马林军队两万人。

叶赫军队一万人。

朝鲜军队一万三千人。

总计，攻打赫图阿拉的明朝军队一共十一万三千人。

明朝军队除去少量从西北江南过来的士兵打过仗，进行过严格的训练之外，其他军队都是纸上谈兵，毫无作战经验。

后金

八旗。每旗七千五百人。

一共六万人。

后金士兵人人从小舞刀弄枪，骑马射箭，身体强壮，杀人技巧熟练。

总结

绝对军队人数，9 万 >6 万，明朝小胜。

为什么不是十一万对六万，而是九万对六万？

因为叶赫和朝鲜军队只是装样子的。他们根本就没有上过战场，跑的跑，降的降。

单兵作战能力，明朝 < 后金，明朝败。

相对军队人数（每次战斗投入兵力）

这一点比较麻烦，因为相对这个概念不容易区分。究竟什么才是相对？

我们姑且认为，每一路军和努尔哈赤打的时候就算是一个相对。

努尔哈赤很聪明，在抚顺投降的李永芳给他提意见，说：大汗，明军不是分了四路吗，咱们人没有他们多，咱们干脆不分开，每一次都是八个旗一起上，这样每次咱们都能在人数上比明军多。

努尔哈赤是战场上混出来的，当然明白这样做虽然很好，可是万一在哪一路被缠住了回不来怎么办？不就连老窝都被端了？

李永芳接着说：大汗你不用担心，我们的探子说，杜松受了刺激，部队走得很快，会最早到，马林其次，刘綎在长白山兜圈子，我们派点人骚扰他一下，差不多也能缓个一两天。李如柏和大汗你关系那么好，就让他迟两天过来。这样，我们先灭了杜松，再灭马林，然后快速地往东走，干掉刘綎，如果李如柏识相的话，就投降我们，不然一起干掉。咱们六万人一起上，他们每一路的人最多不过三万，我们下死命令，一天消灭一路应该没有问题。

努尔哈赤很高兴，汉奸的智商一般都比较高。

这个计划就是后来常被用到的“集中优势兵力，各个击破敌人”。以至于后来还有一套教学辅导书叫做“各个击破”，笔者也是受害者之一。

我们来对比一下双方相对军队人数。按照作战过程如下：

1. 杜松部

杜松部可以分成三个部分。

（1）萨尔浒，两万明军对阵努尔哈赤亲率的四万五千旗兵。

2 万 <4 万 5 千，明军败。

（2）界藩城，一万杜松直属兵团对阵皇太极两旗一万五千旗兵。杜松的一万军队曾一度打得皇太极丢盔卸甲。

1 万 >1 万 5 千，明军胜。

（3）后来消灭了萨尔浒的努尔哈赤包围了杜松。杜松还是一万军队，后金是八旗六万军队。

1 万 <6 万，明军败。杜松身亡。

虽败犹荣，杜松在相同人数甚至人数不足的情况下，尚且能够击败后金，此人值得夸奖。

2. 马林部

马林部也可以分为两个部分。

(1) 尚间崖，一万明军对阵后金六万军队。

1 万 <6 万，明军败。马林逃跑。

(2) 斐芬山，一万明军对阵后金六万军队。

1 万 <6 万，明军败。潘宗颜身亡。

3. 刘綎部

刘綎部依然分成两个部分。

(1) 阿布达里岗，一万明军对阵后金六万军队。

1 万 <6 万，明军败。刘綎战死。

(2) 富察，一万朝鲜军队对阵后金六万军队。

1 万 <6 万，朝鲜军队投降。

4. 李如柏部。

李如柏逃跑，无法比较。

总结

明军和后金先后交战 8 次，杜松所部小胜过一场，其他均失利。

1 <7。明朝惨败。

有人会说，你把后金的军队重复计算了 8 次。的确，后金正是利用了时间差，使得自己军队始终保持在局部上的巨大优势，形成了歼灭战。

因此，明军的军队人数优势不成立。即使明朝九万人的军队同时投入战场，可是战场就那么大，明朝又没有空军，士兵全都在地上，人多，战场不够大，士兵连站的地方都没有。

这其实和十几个人围殴一个人的意思一样，大家围一个圈，能够打到围住的那个人的不过五六个人，其他人要站在外面，想打没得打，没有地方下手啊。

兵贵精而不贵多，如果一定要拿绝对人数当成理由，这只能是无理取闹。

后勤——有钱买不到东西

首先是明朝。

这个时候的明朝已经非常的困顿，财政赤字极高，前文已经提到，皇帝拿出私房钱，太仆寺拿出养马的钱来准备军费。

不仅如此，明朝还下达了一项命令来筹集军费，这就是“辽饷”。

明朝末年，政府为了挽救统治危机，镇压各地的私人军队，被迫增加新税。比较著名的有“三饷加派”，分别是练饷、剿饷和辽饷。

辽饷就是这个时候新增的，每年“辽饷”银五百二十万两。

钱是有了，可是有钱又能怎么样？现在我们可以在中国各个地方花钱买到东西，可那个时候不行，你想买，要有人卖才行啊。

明朝的经济中心在江南，东北原本就落后，加上当时政治败坏，商业在北方仅供维持首都的需要。

况且由于征收重税，银两全部汇集到东北，而商品却堆积在江南。

这就形成了很奇怪的现象——东北，士兵们有银子，可是没有东西买；江南，商人们有商品，可是没有钱买。

结果东北物价飞涨，江南通货紧缩。

继杨镐之后成为经略使的熊廷弼巡视的时候，亲眼看到辽东士兵盔甲下赤裸着的身体。

熊廷弼很奇怪，还以为当地官员克扣军饷，后来才知道，士兵们都有钱，可是买不到布匹，也买不到衣服。

与此相同的是，粮食的供应也是一个大问题。那时候没有卡车，也没有火车，粮食从产区的江南运到东北，路途损耗极大，十斤粮食到了目的地，光损耗就得四斤。

而且明朝的体制很特殊，它没有一个专门的机构来管理这些粮食，直到萨尔浒战役前才成立了一个专门的机构——辽东饷司。但是已经为时晚矣。

当时在地方上没有专门的机构，于是，各个地方以县为单位，自己完成自己的任务。一个辽东饷司要同时接待全国赶来的成百上千的部门送来的粮食，自然手忙脚乱。

况且，粮食在路上有百分之四十的损耗，本来征调的粮食足够，可是在路上这种无谓的损耗，到了目的地就不够了。

当时东北下雪，路途艰难，行军任务紧急，粮食远远地落在后面。当刘綎进军的时候，那群朝鲜人就曾经以没有粮食为由不走了。

努尔哈赤还很狡猾，他在攻打抚顺和清河的时候，烧毁了这块地方的所有东西，结果明朝军队在当地得不到补充，连睡觉的地方都找不到。天寒地冻的，还有人因此冻死。

再来看后金。

后金不存在后勤问题，这里本来就是后金的老窝，努尔哈赤经营了这么多年，早就准备好了一切。攻占抚顺和清河的战斗给努尔哈赤带来了巨额的财富和大量的粮食以及牲畜。

而且，这里都是女真人，随时随地可以找到补充。

总结，在后勤上，明朝＜后金，明朝败。

军队未动，粮草先行。明朝军队后勤出现问题，士气也会下降。

军队装备

明朝

明朝的军队已经很多年不打仗了，放在仓库里的盔甲、刀剑都已经破旧不堪。

杜松的死亡原因是因为头盔被箭支射入，一个统兵大将的头盔，想必应该很结实，至少不应该被一支箭给射穿了，射箭的人又不是李广。

可是偏偏这支普通的箭射穿了杜松的头盔，杜松死亡，由此可见，杜松头盔的质量如何了，这是生锈腐坏的结果。

统帅的盔甲尚且如此，手下一帮小兵的装备就可想而知了。

不过，明朝有一种特殊的武器——火器，有大炮和火枪。这是努尔哈赤最为忌惮的武器。但是在萨尔浒，这种武器的威力没有发挥出来。

火器几乎都在杜松手里，因为他是主力。但是杜松跑得快，就把火炮等重武器丢在了屁股后面，只带了几千朝鲜的火枪手。等到杜松前去攻打界藩城的时候，火炮还没有越过浑河。

当时的火枪是很原始的，无论是射击速度、射击精度，还是火药的保存都无法和现在相比。所以这东西防守有用，敌人一堆冲上来，火枪手就算闭着眼发射，也会打死人。可是杜松率领的这群火枪手是攻城去的，敌人躲在城墙和树林里面，火枪就没多大用了。

而且火药不好保管，装填也很慢，射击一次以后要隔很长时间才能再发射一次。所以杜松曾一度击败皇太极的部队，那是沾了火枪手的光。一轮齐射，皇太极自然很吃亏。

可是一旦射击完成，重新装火药的时候，这群火枪手就危险了。如果是阵地战还好说，有保护不至于太危险，可是杜松与皇太极打的是一场遭遇战，毫无保护的火枪手遭遇到了骑兵，下场自然很惨。杜松手下的火枪手最先全军覆灭。

有些观点没有仔细分析火器的优缺点，一上来就判定明朝军队多么无能，这是很可笑的。

第一，明军不是全部武装火器，只是很少一部分。第二，这种火器不是现在的半自动甚至全自动步枪，能够一枪致命，而且连续发射。第三，当时火炮没有参与战斗，而且原始火炮不能用于野战，只能用于阵地战。第四，武器不是决定战斗结果的唯一因素，小米加步枪也能击败坦克大炮。

可见，武器不是决定一场战争的决定因素，何况还是这种原始的武器，最早的计算器的运算速度还不如算盘，这又能怎么解释？

后金

后金装备也不好，至少不会比明朝好，他们更没有火器，只有马刀和弓箭。

总结

装备，明朝 > 后金，明朝胜，但这是险胜。

军队类型

明朝

明朝的军队是步兵加部分火枪兵和火炮兵。

后金

后金的军队是八旗，全部是骑兵。

翻山越岭的，到底是骑兵快还是步兵快？

正面对抗，没有障碍物阻挡，到底是骑兵占便宜还是步兵占便宜？

所以，努尔哈赤可以迅速地在战场上移动，利用时间差各个击破，如果努尔哈赤的军队是步兵，他根本来不及。

总结

军队类型，明朝 < 后金，明朝败。

地上跑的追不上天上飞的，11 路汽车（人）也追不上 1111 路汽车（马）。除了干瞪眼，明军还能怎么样？

意志力（士气）

意志力这个词，说的深沉点，指的是内部的凝聚力和外部的抵抗力。说得通俗点，就是大家愿不愿意豁出性命去打仗。

这就是人和。这一点极其关键。

明朝的军队来自全国各地，大同、甘肃、贵州土司、浙江、四川等等。平时大家相隔十万八千里的，谁也不认识谁，这次为了一个遥远的目标凑到一起，各地的方言汇集，说不定彼此之间都听不懂对方在说什么。浙江话“你好”和四川话“你好”就相差十万八千里。

造成这样的局面是有原因的，明朝也不愿意从各地招兵。但是，明朝军事制度是卫所，每个卫是专门的军事单位，打仗这些卫出人，为了平衡各地势力，这些卫都不大，而且各地都有，一旦战争规模比较大，各个卫之间互相推卸责任，不打就输了。当年倭寇侵犯江南的时候，那些卫不堪一击，幸亏有戚继光先生培训出一帮职业兵，才把倭寇赶走。

所以当这些各地来的兵聚集到东北之后，问题就多了。

不但沟通有问题，而且配合也有问题。有的地方经常打仗，比如甘肃等地；有的地方不打仗，比如湖北等地。军队里讲究资历，打仗的看不起没打过仗的，老兵欺负新兵。

大家彼此之间本来没有关系，可是跑到这里来，都归一个人管，肯定有不服气的，肯定有捣蛋的。你一个浙江的将军，凭什么管我四川的兵？

不了解，不熟悉，不服气，配合自然会出问题，所以四路进军萨尔浒，每个部队到达的时间都不一样。

而且，这些士兵中间，很多都是没有经过训练的或者训练废弛的，真正有较强的作战能力的是每一个将军手中的“家丁”，这种类似于卫队性质的武装人员是统帅的直属部队，而且一般都和统帅有某种特殊的关系，例如同属一个家族。日后曾国藩的湘军和李鸿章的淮军就是如此。刘綎的四川兵也是如此，其“家丁”有七百多人，最后和他一起死去的有他的养子。

这是内部，外部呢？

对明朝这些士兵来说，他们的任务是冒着风雪，到这人生地不熟的东北来打努尔哈赤。

可是努尔哈赤是谁？打赢他和我有什么关系？这些士兵的心里肯定会有这些疑问，可是没有人回答他们，即使有，也只说为了大明朝的尊严，皇帝的权威。这些虚无缥缈的名词对士兵来说一点儿用都没有。

这些士兵只想拿到饷银，早点打完仗回家。东北的气候他们早就不适应了。

这样的部队，能打赢一场战争？

后金

后金的部队是按照八旗组织起来的，每个小组“牛录”的成员都来自同一个地方，甚至是同一个家族。加之在东北经历了这么多年的战争，使他们彼此之间很熟悉，配合起来自然不成问题。

而且，女真士兵很清楚，这次的战争必须要打赢，如果打不赢，等待他们的将是极其悲惨的命运。与其等到战败以后被杀，还不如拼一把，在战场上死。

这种为了生存而战斗的士兵是极其危险的。

何况，女真士兵都清楚，如果打赢了，将会获得无数的财富。

人为财死，鸟为食亡。

财富和生命，女真士兵都占据了。

所以他们的意志极其坚强，他们没有退路，只有死战。

总结

意志力，明朝 < 后金，明朝败。而且是惨败。

战术设计

明朝

从一开始的战略构想来看，这场战斗就注定没有好的结果。

1. 各部目标不明确。杨镐的计划里面，没有每支部队的具体目标，只是笼统地说：攻击奴酋之北面，攻击奴酋之南面。而且没有明确指标规定每支部队到达战斗位置的时间和各自的行动方向。只说三月三日到达赫图阿拉城下，到了城下做什么？没有交代。

2. 作战准备不充分。杨镐作为总指挥，虽然兵分四路，但是没有派出探子和先锋部队，对敌军的动向一无所知。也没有为战役可能出现的变故做准备，至少没有预备部队进行后续攻击，而此时辽阳、沈阳尚有大批部队驻守。

3. 作战计划不完善。杨镐虽说兵分四路，但是并没有指定谁为主攻，谁为策应。四路为平行推进，四位主帅互不相属，杨镐也没有采取更紧密的控制方式，一旦部队开拔，四部之间便缺乏沟通，战线长达四百多里，总指挥杨镐失去掌握，直到兵败，他才知晓。

4. 作战决心不坚定。如果关键目标在赫图阿拉城，按照杨镐的计划顽强实施，那么四支部队应该以坚定的决心，一路杀向赫图阿拉。如果努尔哈赤采取被动防守，那么明军应当在极短时间内完成部队集结以及对赫图阿拉的合围。如果努尔哈赤主动出击，则各路部队应该下定决心，即使遭遇攻击也要并力向前，先以遭受攻击之部队为诱饵困住努尔哈赤，剩余三部以雷霆之势迅速攻下赫图阿拉，尚且可以向皇帝交差。

如果关键目标在努尔哈赤的军队，那么四路部队应该依赖数量上的优势，稳扎稳打，逐渐缩小包围圈，并向四周派出探子来寻找敌军主力位置，还要加强对侧翼部队的保护。而不应该规定各部队的时间，一切便宜行事。不能命令各部的任务是“攻击奴酋的某一面”。

杨镐一面妄自以为努尔哈赤会被动防守，一面却又命令各部队各自为战，可见其内心犹豫，既想攻占赫图阿拉，又想消灭努尔哈赤的军队，可惜以当时明军实力而言，这显然不可能。

总体来说，明朝的战术如教科书一样顽固而不知变通，既没有参谋在制定作战计划时参与其中，也没有参谋在战争进行时及时修正。只能依靠过去的老办法，一面夸大自己的兵力，一面画出所谓的天罗地网的包围圈，希望对方闻风丧胆，不战而胜。但是努尔哈赤不是普通流寇可比，明朝战术的失误最后显露无遗。

后金

后金的战术从一开始便被坚决执行。他们的战术很简单，抓住各路明军行动不一，彼此缺乏沟通的弱点，依靠自身骑兵的快速机动性，于数百公里的战线上来回驰骋。快速集中兵力，对分散的明军快速包围，快速消灭。

总结

战术，明朝 < 后金，明朝败。

环境

环境有自然和社会两种。

先说自然的。

明朝

萨尔浒战役发生在三月份，此时东北尚且是寒冬季节，天气寒冷，大雪覆盖。现在都经常有冻死人的新闻，何况那个时候。明朝军队有来自浙江、贵州和四川的，就是没有东北人。唯一的东北人李如柏老家铁岭，可自己没在东北待几天。他们谁经历过这么冷的天气？冻伤的肯定不少。加之这些人对赫图阿拉的地形非常不熟悉，刘綎就曾经在山里迷路。

后金

后金人都是在这里出生，这里长大，不怕冷，还对地形了如指掌，部队怎么走，在哪里设埋伏，大家都清楚得很。所以可以快速地到达作战地点。

再说社会的。

明朝

杨镐原本也不打算快速地推进，可是万历皇帝不管事，内阁大学士只剩下方从哲一个人，旁边那群言官就像苍蝇一样整天闹得他不安生，他压力大，就给杨镐下死命令，催促杨镐赶快进军，这杨镐和方从哲是好朋友，好朋友有麻烦，自己岂能不管？所以杨镐也催促下面的军队赶快前进。一快速前进，部队的节奏就被打乱了。

后金

后金都听努尔哈赤一个人的，行动统一，也没有压力。

总结

环境，明朝 < 后金，明朝败。

将领素质

兵熊熊一个，将熊熊一窝。千军易得，一将难求。将领，是一场战役的核心因素，一支军队的大脑。

德国名将隆美尔可以在非常困难的情况下纵横北非战场，杀得盟军溃不成军。

苏联名将朱可夫可以在非常困难的情况下守卫列宁格勒，守卫莫斯科，守卫斯大林格勒。

毛泽东可以先后粉碎国民党四次围剿，还可以四渡赤水。

刘邓大军可以不要重武器，千里越过黄泛区，直扑大别山。

这就是一个优秀将领的威力。

明朝

我们曾经介绍过明朝的将领。每个人都有一些莫名其妙的来历，例如那个李如柏，仗着父亲的威望才当上的将军。

除掉个人的特点之外，他们还有大背景的分歧。

这里面，需要有个深入的了解。

宋朝以后，中国政治的大环境都是重文轻武。这一方面是吸取了唐朝军阀割据的教训，一方面也是为了更好地控制民众的思想。一帮文人总比一帮武将好控制得多。

所以，后来的军队设置，要么是将军和士兵频繁轮换，让大家互相不认识，例如宋朝。要么让每个军事单位变得很小，而且将军和士兵分开，到打仗的时候，皇帝命令谁去带哪支部队，当然，也少不了要有文官或者太监作为监察官随军。例如明朝，每个卫很小，打仗的时候，几个甚至十几个卫凑起来一支部队，由上面派下来的将军指挥。这种临时凑起来的军队战斗力很弱。所以戚继光打倭寇的时候需要重新建立一支军队。

军队是这么来的，将领呢？那个时候没有军事指挥学校可以让军队里面的士兵去学习，也没有专门的机构来吸纳军事人才，而且武将的地位很低，一般都被文官瞧不起，所以没有多少人愿意当武将。

那武将从哪里来？第一种是家传的，李如柏的父亲是将军，后来李如柏也跟着上了战场，刘綎也是武将世家；第二种是民用转军用，文官改行当武将的，说得好听点叫做“儒将”。明朝的文官有很多杰出的将领，比如后来出现的袁崇焕、熊廷弼、孙承宗等。也有很差劲的，比如这次的指挥官杨镐和马林。

当然也有从基层积累功劳爬上来的将军，但是数量很少，而且爬上来以后就形成了武将世家。按照不成文的规矩，武将家里不能出文官，文官家里不能出武将，这是为了防止大家族的出现。武将的后代只能当武将，就像贼的儿子一定是贼。

但是上述的两种武将来源很不靠谱，祖宗打仗猛，子孙打仗不一定也猛啊？虎父犬子的例子很多，李如柏就是典型。此外，武将世家的人，一般都有属于自己的心腹部队，这些心腹部队很有战斗力，但是只对自己的上司效忠，换了其他的将领，指挥不动这些人。文官打仗？让人更不放心了，你要是不犯混、不出大差错就谢天谢地了，谁敢指望你有多大的战功。而且文官出身的人，被军队瞧不起，军队里是讲究出身的，那些士兵可不管你考试考了多少分，写了多少首诗，你一个拿笔杆子的凭什么来指挥我们？

而且将领之间，也会出现矛盾。武将世家的互相看不起，文官出身的看不起武将世家的，武将世家的也藐视文官出身的。反正，大家都瞧对方不顺眼。

所以刘綎曾经对手下说，杨镐和他关系不好，想害死他。而李如柏也不止一次嘲笑、激怒杜松。马林原本的行军路线是直接赶到抚顺关和杜松会合，可是半路又改变主意，不去与杜松会合。四路大军之间缺乏联系是因为各自的关系很差，谁都不愿意理睬对方。

后金

后金的将领来源只有一种：打仗打起来的。例如五大臣都是靠着战功升迁。

而且，努尔哈赤进行萨尔浒之战时的部将，几乎全部都是自己的儿子、侄子——皇太极、代善、阿敏。大家都是一家人，团结合作不在话下，还不存在不信任的问题。努尔哈赤不相信自己的儿子相信谁？他的儿子们不帮助自己父亲帮助谁？

总结

将领素质，明朝 < 后金，明朝败。

我们终于分析完了这场战役最重要的九个方面的优劣。

最后的结果是，明朝两项占据优势，分别是绝对军队人数和武器装备。

而后金七项占据优势，分别是每次战斗投入军队人数、意志力、后勤、战术、环境、将领素质和军队类型。

总比分：明朝 2 < 后金 7。

明朝以巨大劣势落败。

我们还可以看到，关于后金的各个方面因素的文字很少，那是因为后金国家的组织简单。

简单未必是好，但是好却多是简单。

一个快速反应的战争机构是明朝最缺乏的。

明朝在萨尔浒的失败，使得朝廷里再一次掀起“清议”的浪潮，可是以官员的道德为衡量标准的“清议”不能给明朝在辽东的局势带来任何帮助。相反，因为明朝廷迟迟不能作出反应，使得努尔哈赤能够抓住机会，发动了又一次战役。

这一次，在萨尔浒战争中逃跑的马林，没有能够再一次逃跑。

这就是开原、铁岭之战。

第十章　东北不是汉家地

萨尔浒之战以明朝的彻底失败而告终，辽东经略使杨镐安然无恙地回到了北京，杨镐不是傻子，他清楚自己必然会被处以严厉的惩罚。

不过杨镐也有底气，他的人际关系搞得好。结果关于如何对待杨镐这个问题上，朝廷争论不休，隔了好几个月，才把杨镐关到了监狱里面，最后审讯，判处死刑。

虽然判处了死刑，可是这老小子却在监狱里面优哉游哉地生活了十年，直到1629年，才被执行死刑。

在这十年里，明朝在东北的事业一波三折，曾经一度振兴，最后又一败涂地。

在这十年里，判处他死刑的万历皇帝死了，万历皇帝的儿子、当了一个月皇帝的泰昌皇帝死了，万历皇帝的孙子天启皇帝也死了，而在萨尔浒击败他的努尔哈赤也于1626年死去。

或许这是上天故意安排的，想让他在人世间多停留几年，亲身经历一下，由于自己的愚蠢所导致的大明朝在东北的最后挣扎。

当杨镐还没有被关进监狱之前，明朝就已经尝到了苦头——东北大城市开原和铁岭被努尔哈赤攻陷。

开原、铁岭的沦陷

努尔哈赤很高兴能够把杨镐的军队赶回北京。

努尔哈赤也在观望明朝的动向。按道理说，明朝应该立刻重新布置东北的防御，重新任命东北的官员。可是一个月过去了，两个月过去了，努尔哈赤愣是没看到明朝有什么动静。

努尔哈赤感到很不理解，莫非明朝在准备一次大的行动？他赶紧通过后金在明朝的地下工作者探听消息。

地下工作者的消息很快传了回来，接到消息的努尔哈赤一看，脸上的皱纹更多了，这个明朝政府在搞什么把戏？

这个消息就是，明朝政府现在正忙着讨论如何处置杨镐的事情，暂且没工夫管你努尔哈赤。而且萨尔浒一战，明军实力大损，暂且也没有能力再组织一支几万人的部队来保卫东北。

明朝中央的暧昧态度就是，你爱怎么闹腾就怎么闹腾去吧。

努尔哈赤虽然不能理解明朝这种用心良苦的做法，但是既然你明朝不管我，那我努尔哈赤就不客气了。

努尔哈赤抓住这个机会，趁萨尔浒大胜的气势，开始了新一轮的征战。

1619 年 6 月（万历四十七年），萨尔浒战役结束的三个月后，努尔哈赤率四万军队进攻开原。

大军出发之时的方向不是开原，而是沈阳，这是努尔哈赤的惯用策略——声东击西。就当明军以为努尔哈赤的目标是沈阳的时候，他却突然掉转马头，直冲开原而来。

十五日夜，后金军队兵临开原城下。

开原城的将领是马林，三个月前在萨尔浒被努尔哈赤击败后逃到开原的马林。

马林知道自己的实力不济，所以他和蒙古人达成协议，协助守城。

但是努尔哈赤收买了蒙古族，派遣了间谍进入开原城内。

后金军队攻城的时候，混入城内的间谍打开了城门，后金军队一拥而入，马林率军出战，被杀。

杜松死后三个月，马林也死了。

城内十万居民仅一千人得以逃出城外，九万九千人被杀或者成为奴隶。

开原陷落。

开原是东北地区的一座古城，人口众多，财产、玉帛多达“数百万”。反正比抚顺有钱得多。当年运送抚顺和清河两个城市的财物努尔哈赤花了五天时间，这次运送开原一个城市的财物，努尔哈赤花了六天，四万人的骑兵抬着东西往回走，来来回回一共六趟。

电影镜头再次重播，只是地点从抚顺换成了开原。

后金军队在开原驻扎了三天，分配完财产和奴隶，弃城而去。

他们下一个抢劫的对象是铁岭。

此时的东北已经被努尔哈赤扫荡一空，辽河以东的明朝据点只剩下铁岭、辽阳和沈阳三座孤城。这三座城都在开原的南面，铁岭距离开原最近。所以努尔哈赤马不停蹄，率大军朝铁岭而来。

铁岭这个地方，大家可能不太熟悉，但是有一个人的老家就是这里的。这个人就是我们以前老提到的李成梁。

李成梁活到九十多岁，1618 年归西。这个人儿子很多，差不多有九个。五个做到总兵官，四个做到参将。官都不小，可不一定都有真本事。

大儿子李如松很本事，到过朝鲜战场，杀过日本人，是真正地将门虎子，可惜很早就在一次对蒙古人的战斗中死了。

大儿子是我们唯一了解的李家不怕死的将军，其他几个都是懦弱之辈。

接替李如松的是二儿子李如梅，因为畏敌不前被罢官。

萨尔浒之战中逃跑的李如柏是李成梁的三儿子，也是因为畏敌不前被罢官。

这里我们还会提到第三个胆小如鼠的儿子，这个人叫做李如桢。

李成梁一生的精华都在东北，他的几个儿子基本上也都在他老爹的家乡工作过。

李如桢是最后一个在东北工作过的李家后代。

李如桢这个时候的官职是辽东总兵。这是一个很大的官，可见朝廷还是很看重李家人的，即使在他哥哥李如柏刚刚因为有通敌嫌疑被免职，朝廷还是很信任李如桢。

可是李如桢给明朝廷的回报和他哥哥一样。

李如桢的任务是保护铁岭，可是他并没有跑到铁岭去守城，反而在沈阳待着。不但在后金军队进攻铁岭之前就在沈阳，在后金开始攻打铁岭的时候，他还在沈阳。

你李如桢不去铁岭也就罢了，你手下的军队总要派去吧？

不，我不派。

为什么？

我们不知道。

是他不知道消息么？

不是，铁岭的游击将军早就把后金军队的动向告诉了李如桢。

没有了领导核心的坐镇以及大批军队的援助，孤单的铁岭经不住后金铁骑的践踏，半天就被攻破。

守城署事游击李克泰、缘事游击喻成名、新兵游击吴贡卿、海州参特丁碧、督防判官涂必达等人先后战死。城内军民战死四千多人，居民被杀、被俘近万人。

详细列出这些古代拗口的官职名称和死亡将领的名字，只是为了尽微薄之力，来缅怀这些为信念而死的勇士。

但结局只有一个——铁岭陷落。

如果强词夺理地说李如柏逃跑是因为不知道为什么而战，那么李如桢不出兵就再也没有理由了。铁岭是李如桢的老家，那里还有他家族的祠堂和祖坟。他就这样轻易地舍弃了，这个人还有什么理由活在这个世界上？

没有理由，但是他却没有死。因为他比他三哥更加无耻。

他因为避战被免官，后来论罪下狱，判处死刑。崇祯皇帝上台以后，考虑到他爸爸李成梁的功劳，把李如桢放了，让他从军，戴罪立功。

他三哥李如柏内心感到惭愧，自杀，算是保存了一丝骨气。

李如桢参军以后的生活我们不清楚，但是应该没有自杀，因为他有很多次自杀的机会却都没有死。

电影镜头重复三次，铁岭被抢劫一空，城市被烧毁。

这就是明朝在讨论如何处置杨镐的过程中，发生在东北的故事。

讨论一个人的生死，葬送了千万人的性命。

开原、铁岭的陷落再一次使得明朝大臣惊慌失措，好在接替杨镐的人已经起程，这个人叫做熊廷弼。这个人的到来使得明朝在极短的时间内稳住了辽东的局势，使明朝得到了短暂的喘息之机。

熊廷弼的来和去

万历四十七年，八月三日，明朝命令熊廷弼接替杨镐出任辽东经略使，熊廷弼率领八百骑兵匆忙出关。八月十三日，明朝逮捕杨镐入京问罪。

熊廷弼这个人是个倔脾气，而且喜欢骂人，别人和他关系都很差。这一次来到辽东，是背后有人出馊主意，想让他过来送死。

为什么这么说？

朝廷的那些个大官，能够爬到那么高的地方的，个个都是很聪明的人。他们都知道辽东的局势已经危险到什么地步了，这个时候让你熊廷弼去收拾残局，是故意这样做。

如果你熊廷弼真的有两把刷子，把辽东稳住了，自己也有个举荐人才的功劳。

如果你熊廷弼就和自己的姓一样是个熊人，辽东没有稳住，那么不管辽东局势是不是比你熊廷弼刚接手的时候更坏，那就都是你熊廷弼的责任，这就有了可以给熊廷弼定罪的借口。

所以说，熊廷弼此次前往辽东，开始就注定是一条不归路。

干得好，你接着干，那帮官员有时间等你出错。

干得不好，任何一个借口，随时就要了你的命。

而且那帮官员的理由很充分：熊廷弼对辽东并不陌生。

这是他第二次来到这里。第一次，是和李成梁一起。

那是李成梁复出，第二次担任辽东总兵的时候，当时明政府废弃宽甸六堡，强迫六万居民内迁，这件事就是李成梁和熊廷弼两个人做的。这种完全不顾及普通民众情感的行为实在令人发指。

不过，熊廷弼不在乎，他的眼里，只有胜利，没有对普通人的怜悯。

熊廷弼一直都是以强硬和冷酷著称。史书中记载他第一次来到辽东的情况：在辽数年，杜馈遗，核军实，按劾将吏，不事姑息，风纪大振。意思是熊廷弼态度坚决，禁止行贿，核查军队各项情况，弹劾了很多的将军和官员，从来不纵容姑息。

他得罪的人多，自然有人给他小鞋穿。

于是，他被“发配”到辽东来了。

来

熊廷弼想必也清楚这一点。所以在他还没有起程的时候，就上书皇帝，这个时候，开原刚刚沦陷。

奏章里面这样说：东北这个地方是大明的后背，辽河以东是东北的核心，而开原就是辽东的关键所在。如果想保住辽东，开原一定不能丢，努尔哈赤没有打下开原的时候，叶赫部和朝鲜都是支持我们的，这两个地方能够在背后威胁到努尔哈赤，让他不敢全力进攻我们明朝。

现在开原丢了，叶赫和朝鲜失去了和我们的直接联系，必然会归顺努尔哈赤，我们失去了两个盟友，而努尔哈赤没有后顾之忧，就会全力进攻辽沈。

大明要想守住辽沈，就必须赶快派遣军队，准备粮食和武器，前去守城。

我这就前往辽东，希望朝廷不要克扣我的军费，不要耽误我的日程，不要听信流言怀疑我，伤害我的士气，不要从一旁故意阻拦我，给我出难题，也不要在艰难的时刻抛弃我。

不然的话，不仅会耽误我，耽误辽东，也会耽误我大明朝的未来。

原书这样记载（《明史》）：乞速遣将士，备刍粮，修器械，毋窘臣用，毋缓臣期，毋中格以沮臣气，毋旁挠以掣臣肘，毋独遗臣以艰危，以致误臣、误辽，兼误国也。

这么长的一段类似于《出师表》风格的话其实就一个意思：熊廷弼希望朝廷能够完全地、放心地支持他在辽东的行动。

这表明，熊廷弼知道派自己前往辽东的原因不是表面上说的“他曾经去过”那么简单，他知道背后有一些人想趁这个危急时刻置自己于死地。

可是熊廷弼无法选择，无论是皇命不可违还是一个知识分子内心的责任感，他都必须前往辽东。

奏章递上去不久就得到了回复，皇帝完全同意他的意见，同时还给了他上方宝剑，让他拥有更大的权力。

不过，这都是表象，权力越大，责任就越大，日后他的罪过也就越多，杀他就越有借口。

熊廷弼就这样来到了辽东。刚一出山海关，铁岭就沦陷。他那无能的前任杨镐留给他的是一个巨大的烂摊子。辽河以东只剩下辽阳和沈阳两座孤城，到处都是明朝的逃兵和难民。而且沈阳和辽阳也是危在旦夕，后金的骑兵随时都有可能打过来。

熊廷弼在前往沈阳的路上，开始执行他的任务，遇见逃跑的人，无论是军人还是平民，熊大人都命令他们回去。同时他处死逃跑的将领刘遇节、王捷、王文鼎三人，罢免了不去救援铁岭的李如桢的官，让他滚回北京接受调查。

一路上收集散兵游勇，到了辽阳，我们的熊大人手底下总算有了几个兵，这个时候，他派手下的一个佥事（秘书官）韩原善到沈阳去慰问一下，没想到这个韩原善害怕，不敢去。

熊大人也没有过分地强迫他，就换了一个人——阎鸣泰，此人也是一个秘书官，结果还是让熊大人失望了，这个阎鸣泰胆子比前任韩原善大了一点点，他出了辽阳，往沈阳方向走，到了虎皮驿这个地方就再也不敢往前走了，不仅没有往前走，而且还是大哭着回来。这也可见当时辽东局势的危险。

两个手下胆小怕死，可是熊大人不怕，怕死他就不会来辽东。

手下不去，他去。

熊廷弼亲自动身前往沈阳视察，而且还是从虎皮驿经过的。

不仅去了沈阳，他还顺便去了一趟抚顺。

你去沈阳也就罢了，手下那帮人忍一忍，提着胆子也就跟着来了，可是你要去抚顺，手下人谁也没有这个胆量。

抚顺是什么地方？那里几年前就被努尔哈赤打下来了，现在是人家后金的地盘，说不定人家那里现在就驻扎着军队，你过去，那不是送死么！

所以一个总兵跳出来反对，说你熊大人跑到敌人的地盘上去，不是找死么？

熊廷弼回答道：现在是大雪天气，努尔哈赤那家伙一定不会想到我会去，他想不到，我就一定要过去，我一定要让他猜不透我。

熊廷弼去了，不但去了，还是敲锣打鼓地去了。

史书记载说是：鼓吹入。擂着鼓进了抚顺城。

这是什么意思？

一个警察跑到山贼窝里，还大声嚷嚷说我来抓山贼了。

这种胆色，没有几个人有。

进入了抚顺城以后，熊大人没有着急离开，被努尔哈赤焚烧过的抚顺百里之内没有人烟，熊廷弼沿着当时的战场亲自祭奠在清河、抚顺、开原等处阵亡的明朝士兵。所到之处，招募流民参军，派遣军队防守。

在兵锋过后，一个朝廷的一级长官不但没有躲在后方，反而不顾危险，来到最前线，慰问士兵，拜祭死者，这对于当时人心惶惶的辽东来说无疑是最有效的镇静剂。

你还别说，熊大人这么镇定而有人情味的举动的确使辽东的明朝人在情绪上得到了稳定，而且近乎肆无忌惮的行为还真有那么点威慑力，让努尔哈赤摸不着头脑，还真的就没有进攻辽沈。

这一系列的行为只是在危急关头的整肃，它只能在短时期内稳定一下民众的情绪，获得一个缓冲的时间。

熊廷弼等的就是这个喘息的机会。

一旦人心不再浮动，熊廷弼立刻开始了自己的计划。

明朝短期内不能发动进攻，有想法，没办法。

首先是要立足防守。

一年时间，熊廷弼打造了一条坚固的防线。

在当时的辽东，稳住阵脚是关键。想稳住阵脚，必须要有据点，这个据点就是辽阳和沈阳。这两个城市是整个防守体系的关键，也是熊廷弼来到辽东的任务所在。

熊大人全力制造战车、火器，疏通河流，修理城墙，花了几个月的时间，总算是把辽阳和沈阳两个城市的防守给弄好了。

有一两个据点还不够，要有一连串的据点。熊廷弼四处调集兵马，先后在近十个地方建立了军事基地，构成了一条防线，这条防线以辽阳和沈阳为后方，把战线向前推进一百里，以清河、抚顺、柴河、三岔儿、镇江为据点。

按照熊廷弼的打算，这些前沿据点之间联系紧密，小股敌人来犯，可以各自为战，大规模的敌人入侵，就互相支援。

熊廷弼清楚，最好的防守就是进攻，他立足防守的同时，也从来没有放弃过进攻，不过，他放弃了以前明军正面进攻的模式，而是采用游击战的方式。

他组建了许多小规模的精锐部队，到处骚扰后金防守薄弱的地方，捣毁据点，焚烧建筑，摧毁农田，杀死牲畜

反正努尔哈赤以前这么干过，他熊廷弼现在也这么干。

努尔哈赤哪是能吃亏的人，他也想报复，可是问题出现了，他找不到目标了。能打的他都打了，能杀的他也杀了，现在的赫图阿拉到清河中间除了被火烧焦的土地以外，什么也没有。

熊廷弼这个时候是弱势的一方，他死守不出，还不定时地来骚扰你，努尔哈赤没有办法啊，不能把六万人的军队一字排开在百公里的战线上吧！

而且努尔哈赤不是没有尝试过，他也出兵过好几次，可是每次都碰到一个大钉子，然后灰溜溜地跑回家。即使有的时候打了小胜仗，可是屁股还没有转过来，明军就打回来了。

所以熊廷弼来到辽东一年以后，明朝和后金暂时形成了对峙的局面。

这是熊廷弼的大功劳，如果不是他铁腕的手段，温情的攻势，明朝不可能获得宝贵的喘息机会。

正是这一次机会，使得明朝完全有可能实现中兴。

只可惜，中兴是可能的，结果是失望的。

熊廷弼走了，在他来到辽东一年以后。

去

熊廷弼走得窝囊，不只是他走得窝囊，后面还有好几位辽东大将走得也很窝囊。原本是很有本事的人，却硬是被一群只顾私利的人给搞下了台。

我们原本说过，熊廷弼到辽东来就是别人下的套。

那些潜水的人心里原本打算得很好：让女真人杀死熊廷弼。

结果女真人杀不死他，这群人只好另寻办法，反正借口很多，不怕你不死。

他们对待熊廷弼的宗旨是：玩你不是目的，目的是玩死你。

但是，这一次，熊廷弼没有被玩死，第一是因为别人没有玩够，第二是辽沈失陷了。就在他离开辽东不到半年，这些人需要他去救火。

熊廷弼被罢免的导火线是1620年的8月发生在辽东的一次武装冲突，熊廷弼没有占到便宜，死伤几百个人。

这原本不是大事，双方对峙状态下，小冲突几乎每天都有。但是一直抓不住熊廷弼小辫子的潜水员们却发现了这个极好的机会，于是他们开始行动。

第一个浮出水面的人叫做宗文，原来是户部（财政部）的一个主任。父亲去世回家守孝，回来以后要补缺（就是等着看全国哪个单位缺人），但是这里面有门道，如果上下的关系好，不仅很早就能分到职位，还能捞到肥差。如果关系不好，可能很多年都没事情做。这个宗文属于比较倒霉的人，一直没有等到空缺，他就写信找熊廷弼帮忙，但是熊大人是谁，自然拒绝了他。

官场里面，拒绝一个人的要求比接受一个人的要求后果要严重得多。

不对吧？拒绝了别人的要求表示我清正廉洁啊！

不对。拒绝别人的要求，表示你不愿意和他们站在一起，那好，以后什么屎盆子，就全都扣你头上。

后来这个宗文不知道通过什么关系，搞到了一个吏部的职位，还专门负责辽东的人事问题。

宗文心里高兴啊，本来吏部就是一个肥差，而且还专门管熊廷弼的，哈哈，看我这次不整死你。

第二个人叫做刘国缙，这个人老家是辽东的，原来是个御史，因为犯了错误被免官。现在辽东出事了，明朝就选拔老家辽东的人去对付女真人。这个刘国缙招募了一万多人的辽东人参加了军队，可是不久这群辽东人就跑了一半。熊廷弼就把这件事告诉了朝廷，刘国缙心里自然很不高兴，也寻思着找个机会报复一下。

后来，宗文出差到了辽东，碰到了刘国缙，宗文原来是刘国缙的徒弟，自然和刘国缙一拍即合，碰巧遇到熊廷弼这次小小的败仗。

事情可大可小，既然可大可小，自然越大越好。

这两人就联名给皇帝写信。

信里说：这个熊廷弼太小心眼了（告发刘国缙），不听从别人的意见（不帮助宗文），军队不训练（一直不出城），将领没事做（一直守城），人人都不高兴（都在打仗，谁整天乐呵呵的），还滥用权力（杀了几个逃跑的将领），催促军队干活（全部去修理城墙）。

这两人不但自己写，还让别人写，一个御史也上书说熊廷弼到了辽东一年了，也没见什么成绩，而且还滥用上方宝剑，胡作非为（你一个御史在京城里大门不出的，你知道辽东什么状况？可笑!）。

这下，朝廷对熊廷弼的信任已经有所下降，不过还没有到开除职务的地步。

本来，派熊廷弼去东北的是万历皇帝，可是万历皇帝偏偏在这个节骨眼上挂了，继位的朱常洛当了一个月的皇帝，也不明不白地死了，跟上的是天启皇帝。

一个新皇帝上台，自然要有一番作为，自然就会有一群不得志的官员趁机表现一番，这些不得意的官员心里想啊，老皇帝不待见自己，好不容易死了，来了一个新皇帝，自己再不抓点紧拍拍马屁，官运就没指望了。

外地的官员可以送给皇帝搜刮来的财宝、美女。

京官怎么办？没东西送啊，只好扳倒拦在前面的官。一方面表示我为国尽心尽力，一方面可以解决拦路虎，可谓一举两得，一箭双雕，一石二鸟。

最容易扳倒的人是谁？当然不能是京官，能当上京官的，背后都有势力。正当大家都在掂量该搞下哪个人既有的赚，也不得罪人的时候，刚好有个人送上门来：熊廷弼。

于是，大家不约而同地向熊廷弼发起了进攻，而且罪过越来越大。

御史冯三元说有八个例子证明熊廷弼无能，有三个证据证明熊廷弼欺骗皇帝，如果不开除他，辽东一定守不住。冯三元比较客气，只说熊廷弼办不成事。

下面的一个人就不客气了。

御史张修德说，这个熊廷弼不但守不住辽东，而且因为这个熊人在，辽东会更早被女真人拿下。感情说，熊廷弼去了辽东是搞破坏的。

俗话说，三人成虎。

第三个人跳出来了。这个人是魏应嘉，一个给事中（秘书）。魏应嘉的理由我们不清楚，但是结果我们很清楚。

皇帝最终同意解除熊廷弼的官职，但是却没有对他采取其他的惩罚措施，皇帝之所以这么做，是因为熊先生“认错”的态度很好。

熊廷弼不想死啊，不想死就老实点。别人一说他的不是，他就立刻承认。他倒不是把莫须有的罪名往身上揽，而是说自己没有罪，只是能力不足。

熊廷弼走了，谁来接替他的工作呢？

这个人是袁应泰。

袁应泰的脚后跟

袁应泰是谁？袁应泰是一个很好的官员，至少在他当上辽东经略使之前，的确是一个很优秀的官员。在当时的明朝，可谓难能可贵。

在他的职业生涯里，除了最后辽东经略使的记录不太光彩之外，其他的都是一个官员能够做到的全部。

这个人很有才华，搞建设、搞后勤的水平是一流的。

他当地方官的时候，到处修理运河，开荒灌溉，后来调到熊廷弼手下管理后勤，修建城市要的砖瓦木材，装备军队要的武器火药，只要他在，一概不成问题。要是放到现在，他绝对是一个搞物流贸易的高手。

不仅如此，他还是一个真正关心老百姓的父母官。

父母官这个词，不知道是“百姓的父母”的意思，还是“把百姓当做父母”的意思。但是在袁应泰的字典里，绝对是后者。

治理洪水的时候，他可以身先士卒，住在河岸上，和民工一起生活。

山东有饥荒的时候，他可以掏腰包设粥铺，赈济饥民。

他甚至还挪用一些无聊的税收用来赈济灾荒。

他也保持着中国传统知识分子的责任感。

当他得知自己被任命为辽东经略使的时候，他当即杀白马祭神，对天发誓将为辽东奉献自己的生命。

他和前任熊廷弼一样，对明朝的政治环境有深刻的认识，他也和熊大人一样，给皇帝上书，连内容都和熊大人的奏折一样。

奏折里面说：臣愿与辽相终始，更愿文武诸臣无怀二心，与臣相终始。有托故谢事者，罪无赦。

他表示，自己会和辽东共存亡，他希望朝廷里面的大臣始终支持自己。

就是这么一个很好的官员，被派到了辽东。

就是这么一个很好的官员，很可惜来到了辽东。

是人都有弱点，袁应泰的弱点只暴露过一次，就是在辽东战场。

希腊古老著作《荷马史诗》里面有这么一个故事：一个叫做阿喀琉斯的人，武艺高强，几乎无敌，但是这个人有一个弱点，这个弱点就是他的脚后跟。后来他的敌人发现了他的这个弱点，打架的时候专门挑他的脚后跟下手，终于把他杀死了。

这个故事后来被人简称为“阿喀琉斯之踵”，也就是“阿喀琉斯的脚后跟”。用来形容一个人的弱点。

接替熊廷弼的袁应泰也这样一个“后脚跟”：他不会打仗。

也不能说他不会打仗，毕竟他来到辽东只有短短一个月，应该说，他不具备一个战场指挥家的坚决和果断。他的性格过于优柔。这是文人的通病。

对于一个能够贴近下层人民的官员，对于一个能够给前线的军队提供无限支援的官员，你不能奢望他还能做得更多。

如果是和平年代，他的弱点就不会暴露。

可惜，这是在战争年代，还是在你死我活的辽东战场。

不但不会打仗，他的心还很软，或者叫太善良。

他太善良了，简直就是一个慈善家。

他不仅自己掏腰包赈济灾民，还挪用公款办慈善事业。

这不能算是缺点。但是当他接替熊廷弼担任辽东经略使的时候，这就成了袁应泰之踵——袁应泰的脚后跟——袁应泰的致命弱点。

袁应泰来到了沈阳，他做的第一件事就很符合他的善良的性格。

熊廷弼在辽东政策的核心就是严酷，他严厉地对待每一件事，虽使得辽东的军队和社会气氛紧张，但是井然有序。

因为熊廷弼的铁腕，使得明朝防线之外的土地上，经济越来越坏，流民很多。恰逢当时蒙古族出现饥荒，很多蒙古人跑到明朝城下来讨饭，熊廷弼的政策是两个字：不管。不管你来多少饥民，我都不会让你进来。

但是现在的长官是袁应泰，这个人心肠软，他一看到城外那些饥民的凄惨状况，忍不住同情心就泛滥了：他要放这些人进城。

他当然不会说他是看这些人可怜，他的理由是，这些人如果不放进来，就会跑到努尔哈赤那里去，这不是壮大了人家努尔哈赤的实力吗？我们收养了他们，打仗的时候，就可以派上用场了。这么一收养，前后进入各个城市的蒙古人总数上万。

这个理由不能说不对，问题是，你收养的人是谁，蒙古人，那可是背叛明朝很多次的垃圾啊，你怎么还能相信他们呢？况且，谁知道他们是不是努尔哈赤派过来的间谍？

如果袁应泰听过农夫和蛇的故事，他一定不会这么做。冷静下来的袁应泰一想，也是，万一人家是间谍怎么办？

可是你袁应泰能想到，间谍也能想到，你狠，还有更狠的。

怎么狠？在三岔堡这个地方明军和后金打了一仗，明军把蒙古人拿去当前锋，结果蒙古人作战勇敢，死了好几十人。这才是狠，间谍，怕死的不能当间谍。

袁应泰彻底消除了怀疑时，女真人的机会也就到了。

沈阳

袁应泰来到沈阳，是顶着巨大的压力来的。

那些个官员们骂熊廷弼无能，如果袁应泰的成绩不如熊先生，这群官僚就会仕途受影响，他们有压力。

皇帝炒了熊廷弼的鱿鱼，让袁应泰来接手，皇帝也有压力。

袁应泰来到辽东，任务是比熊大人做得好，问题是熊大人已经做得很好了，袁应泰自己更有压力。

要是想比熊大人做得还好，只有一个办法：做熊大人想做，却没有时间做的事情。

这个事情就是向女真发动进攻。

熊廷弼想做，可是时机还没到，就被炒鱿鱼了。而他被炒的原因也是没有能够打胜仗，收复失地。

上司的压力、皇帝的压力、熊大人的压力都促使袁应泰要采取更开放的政策，他积极的调兵遣将，准备进攻后金。

在熊廷弼的安排下，辽东的明朝军队这个时候已经有十万出头。虽然在战斗力上还存在疑问，但至少在数量上，已经有了可以一战的资本。

袁应泰把首战的目标放在了抚顺，他把将近 4 万人的精锐军队调集到抚顺，2 万人的军队调集到清河，其他据点也一共派遣了大约 3 万军队。

这样，保护辽阳和沈阳的部队总共只剩下三、四万人。

沈阳兵力的减少，给努尔哈赤提供了机会。

努尔哈赤的情报网也得到袁应泰策划大规模进攻的消息。于是，他决定先下手为强。

1621 年 3 月，明天启元年，熊廷弼离开辽东 4 个月以后，努尔哈赤开始进攻沈阳，他的军队数量是八旗 6 万人。

努尔哈赤利用明朝大军集结的缝隙，绕过明朝布置的防线，直接来到沈阳城下。

努尔哈赤这么做，冒着极大的风险。

他倾巢出动，如果不能在短时间内拿下沈阳，他就会在抚顺、清河等地遭到明军的攻击。那个时候，他很有可能会葬身沈阳城下。

而且，如果袁应泰放弃援救沈阳，而是率领驻扎在抚顺的大军直扑后金的核心地带，如界藩、赫图阿拉以及刚刚成为后金都城的萨尔浒，那么即使努尔哈赤攻下沈阳，也会发现自己的老家都被人占领了。

现在的问题是，努尔哈赤是不是够快，以及袁应泰够不够狠。

事实证明，努尔哈赤的确够快，而袁应泰却不够狠。

守卫沈阳的明朝军队数量只有 3 万，当然，还有数量不少的蒙古难民。

三月十二日，守城将军贺世贤、尤世功率军与八旗军于沈阳城外发生大战，但是明军在宽阔的城外空地上不是八旗骑兵的对手，大败而回。

贺世贤立刻转为防守，熊廷弼的功劳立刻展示得淋漓尽致，八旗野战出色，但是攻城就不是有火器依托的明军的对手。八旗伤亡巨大。

努尔哈赤使出惯用手段，派李永芳前去劝降，被贺世贤大骂，无功而返。

这个时候，原先收留的蒙古人开始发挥作用，不过他们的作用不是守城，而是攻城，这些蒙古人褪下难民的伪装，拿出马刀，杀向好心收留他们的明军。

第二天，沈阳被攻破，贺世贤、尤世功战死，三万军队被杀。前往救援的总兵官陈策、童仲揆被击败，战死。

沈阳陷落。

辽阳

袁应泰来不及后悔，也来不及反思，他要赶紧守住辽阳。

他生命的全部就是辽东，辽东就是辽阳和沈阳。沈阳已经被攻陷，可以说，袁应泰二分之一的生命已经失去，他不想连剩下的二分之一也丢掉。所以他赶紧布置起辽阳的防守。

辽阳是明政府在辽东的首府，经济意义上来说，这里最富裕；政治意义上来说，它代表明朝政府。所以不论哪个意义上，袁应泰都必须死战。

而且辽阳防守的厚度给了袁应泰足够的信心。

所以他决定不死守，而是迎战。

迎战也是有原因的。

辽阳位于沈阳的南部，辽阳的北面就是太子河，努尔哈赤想进攻辽阳，必须渡过太子河。于是坐在城内等敌人过来，还不如沿河岸列阵，阻止敌人过河。

袁应泰难得在军事上聪明了一回，可是已经晚了。

十九日，努尔哈赤率军队来到太子河北岸，准备渡河攻城。

我找不到努尔哈赤过河的详细记录，也不清楚袁应泰是怎么布置的防守，反正结果是：袁应泰战败了。

《明史》说：应泰……出城五里迎战，军败多死。

战败以后，袁应泰只有一条路可以走了：回到辽阳城内死守。

你袁应泰怀抱必死的决心，不是所有人都愿意陪你死，十多个官员商议好，带着不少军队，逃了。

大战当前，有人逃跑，而且是当官的，这对城内的军民士气是极大的打击。

二十日，努尔哈赤全力攻城，明朝军队逐渐瓦解。城内的间谍乘机造谣，人心浮动。傍晚，辽阳城西门被攻破，后金军队涌入城中。

袁应泰知道无力回天，对身边的巡按御史张铨说道：守城不是你的职责，你赶快逃命吧，我要和辽阳共存亡。

他穿好官府，挂上宝剑和官印，面朝大明朝北京城的方向，上吊自尽。

张铨没有跑，而是回到官署，上吊自杀。

他的小舅子姚居秀随后自杀。

他的仆人唐世明放火烧毁了阁楼，也烧毁了自己。

分守道何廷魁携带妻子投井而死。

监军崔儒秀自缢身亡。

看历史看到这里，我不禁想起鲁迅先生的一段话。

亡国一次，即添加几个殉难的忠臣，后来每不想光复旧物，而只去赞美那几个忠臣；遭劫一次，即造成一群不辱的烈女，事过之后，也每每不思惩凶，自卫，却只顾歌咏那一群烈女。——鲁迅《论睁了眼睛看》

袁应泰不是一个合格的将军，但是他是一个合格的官员，也是一个合格的汉人。在今天，就是一个优秀的中华民族的子民。

辽阳城就这样被攻破，辽东，已经没有哪一块地方属于大明朝。

情况，已经严重到不可收拾的地步。

但是，还是要有人来收拾。

这个人是谁?

熊廷弼!

当熊廷弼再次接到任命书的时候，他一定很痛苦。

但是没有时间给他痛苦，他需要赶快赶往辽东，那里有比他第一次去还要烂的烂摊子等着他收拾。

在袁应泰死和熊廷弼来的这段时间里，有一个人临危受命，成为辽东的最高长官，这个人叫做“薛国用”。

他在历史上没怎么出现过，但是，在这段时间里，他却完美地完成了朝廷给他的任务，日夜加强防守，女真也没有来进攻。而且他一直待在辽东，直到自然去世（非战死），也算是一个奇人。

辽阳的失陷成为了多米诺骨牌的第一张，随后辽河以东相继倒下七十多座城堡。

这下，不但辽河以东的地方明朝全部丢失，辽河以西的地方，明朝也快要保不住了。

辽河以西是宽阔的辽河平原，这里无险可守。越过辽河平原，沿着今天辽宁省西部的奴鲁尔虎山一路往南，就会进入一条狭窄的地带——后世称为辽西走廊，这里东南是渤海，西北是燕山，大海和山脉之间的狭长地带就是东北进入中原的必经之地，这条地带的最东部是锦州，最西部就是举世闻名的山海关。

辽西虽然难守，但是必须要守住。

国难思良将！

辽沈安然无恙的时候，大家都铆足了劲攻击熊廷弼，等到辽沈丢掉了，大家才回过神来，又纷纷给皇帝出主意，说，这个东北，没有熊大人不行啊。

其实，当沈阳被攻破的时候，明朝就有人说，还是让熊廷弼去吧。可是还是有人反对，给事中郭巩坚决反对，这事也就不了了之。

后来辽阳紧接着被攻破，这下大家都傻眼了，赶快让熊廷弼去吧，再不去，说不定女真过几天就打到北京城了。

朝廷决定，重新起用熊廷弼。

这不是自己扇自己耳光吗？

皇帝心里那个丢人啊。大臣心里那个丢人啊。

三个月前大家都说这个熊廷弼多么多么无能，犯了多少多少错误，把那个辽东折磨得惨不忍睹。

那就撤了他的官吧。

可是人家至少没有把辽东给玩丢了啊。

你们选的袁应泰倒是也很不错，可是去了一个月就把辽东送给努尔哈赤了。

没办法，谁让这些只会骂人的官，不敢上战场呢，还是把熊大人请回来吧，丢人总比丢命好。而且这些大臣在朝廷里今天骂骂这个，明天骂骂那个，何为羞耻早就不记得了。

否决前一个决定，自然连人也要否定，前面几个给熊廷弼小鞋穿的官，都被皇帝严厉地惩罚：撤职的撤职，罚款的罚款。

这是一个信号，表示我们这次是真的信任你了。

熊廷弼不会在乎谁被开除，谁被罚款。他不关心这个，他关心的是东北的局势。

真正为国为民之人，不会在意别人给他的冤屈，只要他有机会，不管是什么环境，什么背景，他都会一往无前，不会放弃。

熊廷弼接到朝廷的通知：赶快赶往东北，祖国需要你。

广宁

1621 年 7 月（天启元年），熊廷弼时隔半年，再次回到东北。不过这一次，他没有前往辽阳驻扎，去沈阳慰问，也没有巡视抚顺，到前线祭奠死者。

不是他不想去，是他去不成，上面的那些地方，已经不是他明朝的地盘了。

不仅如此，他还发现，这一次来到东北，他的任务比上一次要艰巨得多。

第一，自然是因为辽东失守，明军退到了辽河平原上，要在平原上防御后金的骑兵，困难可想而知。况且留给他布置防线的时间已经很少。

第二，上一次他来到辽东，是绝对的领导，绝对的老大，可是这一次来，虽然名义上他还是绝对的领导，但是权力上却不能算是老大。

他遇到了一个不能称为下属的下属——王化贞。

王化贞，文人，大学本科学历，后来被派往广宁守城。

广宁这个地方距离辽东前线很远，但是北边紧挨着蒙古。辽东战事吃紧的时候，蒙古人也想趁机捞一把，就打算从广宁下手。

王化贞这个人，历史记载说他刚愎自用，不懂军事，还喜欢夸海口。不过，这只是写历史常有的偏见。说他刚愎自用，喜欢夸海口，我承认，后来他就是因为这种性格死掉的。可是，说王化贞不懂军事，我不同意。

我们常说的懂军事，不仅仅是指那些百战百胜的人，也不仅仅是指像努尔哈赤这种打了一辈子仗，有输有赢，却始终没有垮掉的人。

懂军事，是泛指那些有眼光，有智谋，而且有勇气的人。这种人很多。没有人说懂军事是专门指从来不输的人。

打仗输了就叫做不懂军事，那这个世界上就没有人懂军事了。

王化贞就是一个懂军事的人。蒙古人来打广宁，王化贞手下只有几千老弱残兵，可是他却让蒙古人灰溜溜地回了老家。

而且王化贞还建议明政府和蒙古人合作来牵制女真，从战略上来说，这条建议是完全正确的，只不过手段上要有所变化。

如果上述两个理由还不能证明王化贞的军事才能，那么当辽沈失守、民心大乱的时候，他积极招募流亡民众，组织军队上万人，固守河西，就完全能够证明他的确懂军事。

但是才能不决定命运，性格才决定命运。

我们从事实出发，证明王化贞懂军事，我们也将从事实出发，证明一个人的性格才会决定一个人的命运。

本来王化贞因为守卫广宁有功劳，被皇帝表扬，正高兴地做着山大王。这时，熊廷弼来到了辽西，来到了广宁。

王化贞发现这个熊大人脾气熊得很。熊廷弼发现这个王弟弟不听指挥。

王化贞心里不高兴，熊廷弼也很郁闷。

王化贞为什么不听指挥?

首先，王化贞的官位和级别不低于熊廷弼。王化贞是巡抚，熊廷弼是经略，也不过是个巡抚的头衔。

其次，也是很关键的一点，王化贞手里有军队，而熊廷弼除了皇帝派的几千人马之外手里没有一个人，熊大人原本想故技重施，招募逃亡的人当兵，可是他来得晚，人都被王化贞抓走了。

最后，王化贞上面有人，熊廷弼没有。王化贞的上面是重新掌握大权的叶向高，这个人和本书联系不大，只是提一下，他是内阁大臣。王化贞和国务院总理拉上了关系，自然很有底气。

而且，这两人对付努尔哈赤的计划完全不一样。于是两个人的矛盾扩大，历史记载说，中外举知经、抚不和，必误疆事。

熊廷弼一直是防守主义者，他强调要修防御，建城堡。他上一次来到辽东，就一直是坚持加强防守，然后等待时机。他的计划是放弃辽河以西的防御设施，把军队全部集中到广宁城，在辽阳和广宁之间构造缓冲地带，建立预警系统，以逸待劳。

可王化贞却是一个不折不扣的冒进主义者。他表示，只要他带领一支部队渡过辽河，八月十五中秋节以前就可以击败努尔哈赤。

王化贞的狂妄，可以用一句诗来描写：与我六万虎狼兵，提刀跃马入东京。

东京，努尔哈赤新建的都城，位于当时辽阳城外，现在的沈阳。

王化贞的气势，可以用一个人来描写：南宋将军宗泽，他临死前高呼三声，渡河、渡河、渡河，以表达收复失地的愿望。

他的全部计划都建立在进攻的基础之上。他打算沿辽河西岸修建防御阵地，一是能够保住肥沃的辽河平原，为持久战进行物质准备；二是以辽河为依托，进攻时能够突然而快速。

一开始，王化贞为了防止熊廷弼夺军权，就假装把军队指挥权交给熊大人，可是军队是王化贞的，军队的工资也是王化贞给的，会听熊大人的话？

于是，全面接管军权的王化贞大人彻底地甩开了熊廷弼大人，自己光着膀子干起来，带领军队来到辽河岸边，准备进攻后金。

我有军队我怕谁？

王化贞的准备井然有序——准备粮草，训练士兵，寻找叛徒（李永芳表示要回归），寻找伙伴（蒙古人表示要帮忙）。

不仅如此，王化贞早在辽阳失守的时候，就已经有了进攻的打算（如此看来，王化贞也很有远见），他派部将毛文龙率领两百多人潜入镇江（不是现在的江苏镇江，而是靠近朝鲜的九连城），并一举攻占镇江。此事使得王化贞在朝廷中的地位大大加强，熊廷弼的主守计划因此而被搁置。

就在王化贞的进攻计划准备得不亦乐乎的时候，努尔哈赤却率先进攻了广宁。

这个时候，是 1621 年的 12 月，东北已经进入严寒时期，辽河已经结冰。

得知努尔哈赤进兵的消息后，原本一直鼓吹进攻的王化贞却突然哑火。他立刻放弃了他的进攻计划，转为防守。

防守就防守吧，你总要有一个防守计划啊！

计划出炉，我们十分惊讶！

我们完全看不懂。

辽河结冰，努尔哈赤的骑兵可以随意地通过，辽河平原无险可守，理应放弃。此时最应该做的事情就是集中兵力到广宁，凭借广宁的地理优势死守，并在宽阔的辽河平原上布置机动军队骚扰后金，这样一是可以延缓后金骑兵的推进速度，争取缓冲时间，二是可以分散后金军队注意力，以攻代守。

但是王化贞没有这么做，他的计划非常奇怪。

他首先让罗一贯带领三千人守卫西平堡。西平堡是什么地方？西平堡是辽河以西，紧挨辽河的一个小城堡，这里是努尔哈赤渡过辽河的必经之地，后金十万骑兵过河，罗一贯率领三千人防御，这是什么意思？

然后让刘渠统率两万人驻守在镇武堡，祁秉忠以万人守闾阳。熊廷弼守卫右屯，王化贞自己率大军守卫广宁城。

这几招棋看似没有问题，每一路都有上万军队。可是面对努尔哈赤的十万骑兵，一万人的部队能干什么？

这就是王化贞狂妄自大、刚愎自用的集中表现。他以为自己的前线部队能够阻挡住数倍敌人的进攻，然后自己率军队前往支援，里应外合，一举击破努尔哈赤的军队。

可是王化贞的命运已经注定，他轻视努尔哈赤，就像所有轻视努尔哈赤的人一样，都会遭到凄惨的失败。

1622 年 1 月 19 日，努尔哈赤率大军渡辽河，守河明朝士兵人数过少，撤往西平堡。

20 日，后金军队围困西平堡。

得到西平堡被围困的消息以后，王化贞赶快实施自己的计划——里应外合。

部将孙得功提出意见，应当率兵解救西平堡。王化贞便命令孙得功和祖大寿带领广宁城的全部军队前往支援，熊廷弼也命令镇武堡的刘渠率军前往，两支军队会合以后共同前往西平堡。

努尔哈赤有十万人，围困一个小小的西平堡自然不需要那么多人，剩下的军队自然正专心地等待明朝援军的到来。

大军行进五十里，与后金军队相遇。

正如我们之前所说的一样，王化贞的错误不在军事上，而是性格上。萨尔浒的四路大军被努尔哈赤一击便溃，可是王化贞的军队面对后金军队的时候不仅没有退缩，反而奋勇向前。

总兵刘渠亲自杀入后金军中，明三万大军一路冲锋，先后三次击败后金军队。

堡垒总是从内部被攻破。

就在后金军队快要抵挡不住的时候，明朝的又一个叛徒闪亮登场。

这个人就是孙得功。

如果有机会，战场之上的孙得功一定会说下面一番话：

首先，我要感谢我的父母，感谢他们生下我，抚养我长大，让我有了当汉奸的机会。

其次，我还要感谢我的老师，我的朋友，特别是有着丰富汉奸经验的李永芳先生，是你们的教育和帮助使我下决心要当一个光荣的汉奸。

再次，我还要感谢努尔哈赤先生，感谢你给了我一个当汉奸的机会，我一定在汉奸的位置上发挥余热，为大金国的发展尽心尽力。

同时，我还要感谢《明史稿》、《明实录》等媒体，如果不是你们的记载，我不会被广大人民群众了解。

最后，我要特别感谢《清朝这些人・努尔哈赤卷》的作者们，正是你们的辛苦劳动，说出了我——一个伟大而光荣的汉奸的心里话。

现在的孙得功没有时间发表汉奸感言，而是要履行一个汉奸的职责。

轮到孙得功上战场助阵的时候，他不但没有上去，反而在后方大声地呼喊：我们打败了，大伙赶快跑啊。

他不仅自己跑，还带着自己的部队跑。正在冲锋的刘渠部队一看自己的后方军队都跑了，这仗还怎么打，结果大家一哄而散。明军惨败。

刘渠战死，数万明军丧生。

援军覆没对守卫西平堡的罗一贯来说没有丝毫的影响。因为他的城堡已经被努尔哈赤围得像包子一样，根本无法和外界联系。但是他的无畏却让努尔哈赤遭到沉重打击。只有三千军队的西平堡看似不堪一击，却多次击败八旗军队。

明军的大炮和火器给努尔哈赤的军队造成了巨大的伤亡，后金军队先后三次强攻，都被击退，后金死亡人数超过四千人。

眼看战局困难，一直充当汉奸先锋的李永芳再次出马，诱降守城将军罗一贯。可是罗一贯就和他的名字一样，一贯对朝廷、对汉人忠心耿耿，不但没有投降，反而把李汉奸大骂一顿。

诱降不成，努尔哈赤只有接着猛攻，这场攻城战进行了两昼夜，直至西平堡的火药和弓箭全部耗完。

夜幕下的西平堡显得格外安静，它静静地目睹着后金军队的进攻。

守将罗一贯在战斗中眼睛负伤，无法上战场，当他的耳中已经没有了熟悉的火炮声的时候，他知道，他已经失败了，于是他和战死辽东的袁应泰一样，采用了相同的方式结束了自己的生命。

他面对北京城的方向说：陛下，臣已经尽力了。然后他自刎而死。

西平堡陷落。

占领了西平堡的努尔哈赤的面前是一片宽阔的平原，向西望去，天气好的时候，他的目光甚至可以越过整个辽河平原，看到平原的尽头——他最终的目标——广宁城。

目光尽头的广宁城只是一团模糊的黑影。

努尔哈赤可以想见，那个一直想进攻自己的王化贞一定在加强广宁城的防御。不过他并不着急进攻，因为，太阳落下的地方，有他早已埋伏好的奸细。

逃跑回到广宁城的孙得功没有受到任何惩罚，因为知道他的罪过的人都死了，随他跑回来的都是叛军。

王化贞依旧很信任这个向他建议救援西平堡的人，并把广宁城的防御全部交给他来打理。

王化贞当然不会逃跑，当年他只有几千人，都敢和努尔哈赤面对面地碰撞，何况现在他还有上万人马。

所以他很放心。所以当他忙完一天的工作以后，还回到家里好好睡了一觉。

当他睡醒以后，还没有来得及刷牙，他的部将江朝栋急忙冲进屋子里，对他说道：事情出了变故，大人你赶快逃命去吧。

不明就里的王化贞还把小江骂了一顿。但是，等到他登上广宁城楼，看到城楼上一个士兵也没有，而且附近还有火炮的爆炸声时，他终于明白是怎么一回事了。于是，他赶快上马，闪人了。一路上，委屈的小江带着十几个骑兵，护送王化贞，使得王将军能够安全地离开广宁。

事情出了什么变故？

变故出在孙得功身上，他率领跟随自己回来的叛军在城里散布谣言，占据火药库，把守城军队布置打散，还打算捉拿王化贞领赏。

问题是孙得功为什么会叛变？

话题回到王化贞打算进攻努尔哈赤说起，王化贞之所以一直坚持进攻，是因为他自以为找到一个制胜的法宝，这个法宝就是李永芳——在抚顺投降的那个汉奸。

王化贞派人去诱降李永芳，说你投降了女真人有什么好处呀，不如跟着我混，等到把努尔哈赤打败了，你就是大功臣了。

派去诱降的人是孙得功。

诱降的结果是李永芳同意帮助王化贞，做汉民族的英雄。

这当然是假的。

真正的结果是，李永芳没有被策反，被策反的是王化贞派去的孙得功。

孙得功叛变了。

努尔哈赤提供了什么优越的条件使得孙得功叛变，我们不清楚，但不外乎金银财宝、别墅、香车、美女，当然，还有权力。这些王化贞给不了。事后，孙得功被任命为广宁总兵官。

广宁就这么让一个汉奸给占领了，王化贞逃跑了两天以后，努尔哈赤才带领大军赶到，这个时候，广宁城的大门上已经贴上了“广宁防明自治政府”的标签（来源抗日战争时期的汉奸政权“冀东防共自治政府”一词）。

努尔哈赤起初还不敢相信，等了一天以后，确定广宁城的确没有明朝军队，才带领军队入城。

入山海关

王化贞逃过了孙得功的追捕，正郁闷地往南走，好不容易到了闾阳驿。原本以为到了自家人的地方，不用窝囊地逃跑了，可偏偏遇到了熊廷弼，这下让他更加的郁闷。

熊廷弼可不是什么善良的人，他要报复，他要痛打落水狗。

他就问了王化贞一句话：六万众一举荡平，竟何如？

白话文就是：你不是说给你六万军队就能扫灭努尔哈赤吗？现在怎么样啊？

按照王化贞的性格，若在平时听到这么一句嘲笑自己的话，还不当场就发飙？可是王老兄知道自己的处境，自己手里一个人都没有，人家熊大人手下还有五千人马呢。

先忍着吧，王老兄一面忍受熊廷弼的冷嘲热讽，一面试图挽回危局，他提出建议，要守住宁远。这个建议很好。

可是熊廷弼这个时候哪里会听他的建议！

这个熊大人拒绝王大人的话说得也很欠揍：嘻，已晚，惟护溃民入关可耳。

这句话的关键是这个“嘻”字，“嘻”有两个意思，一个意思是表示很不严肃的嘲笑，还有一个意思是带有惊讶、感叹的意思。

采用两种意思解释的话是这样的：

1. 哈哈，哈哈哈哈，哈哈哈哈哈……我说王大人，你秀逗了吧？晚了，我们把这些逃难的人护送回关内就行了。

2. 哎哟，我的王大人啊，原来你这么有远见，这么有才华啊，当初守广宁的时候怎么没有发现呢？现在知道守宁远啦？晚了，我们把这些逃难的人护送回关内就行了。

不管哪一种意思，反正就是：谁让你当初不听我的，我现在也不听你的！

两个人的脾气在这个时候倒有些颠倒了，前面王化贞手里有军队，不听熊廷弼的，后面熊廷弼有军队，不听王化贞的。

可是，不管谁不听谁的，两个人前后的决定都是错误的。

虽然，这个时候明军溃败，可是大家都逃到山海关这个狭长的地方，整合残军，再建立起防守还是没有问题的。

可是熊大人不同意，他要彻底地撤入关内，他把自己率领的五千骑兵交给王化贞，命他殿后，然后放弃了大凌河、松山所等据点，直奔山海关而去。

熊大人想跑，很多人不愿意跑，松山所的监军道高邦佐，见经、抚二臣都逃走了，感到气愤，便决定以身殉职。他写好家书交给家仆后，便自缢身死。

李清照有首诗：生当作人杰，死亦为鬼雄。至今思项羽，不肯过江东。

如果李小姐晚出生许多年，这个时候恐怕也会写一首纪念高邦佐的诗来。

回到京城，两位大人自然没有好果子吃，马上就被抓起来。

熊廷弼得罪的人多，没有几个人愿意给他求情，三年以后（1625 年，天启五年）被杀。

王化贞的关系网不错，虽然被关起来，可是他还有一个难兄难弟陪着——杨镐，直到 1633 年（崇祯五年）才被杀。

熊大人跑了，硬是把关外几百里的土地让给了努尔哈赤。不过，熊大人一向以残酷著称，为了让山海关以外的明朝人跟随他入关，一把火烧毁了山海关以外的所有东西。

他这一把火，使整个山海关外成了不设防的地带。努尔哈赤一路前进，直冲山海关而去。可是没等到努尔哈赤跑到山海关，他便发现了一个问题，他经过的这些地方和他以前烧过的抚顺到清河之间的地方很类似，被烧得干干净净，什么也没有，不但吃的没有，住的、喝的统统没有。

史书记载：大清兵追逐化贞等二百里，不得食，乃还。

努尔哈赤很务实，追了两百里路以后发现明军跑得很快，根本追不上，于是决定回师。

他决定回师的这个地方，叫做宁远。日后，他将会无比懊悔地发现，这辈子，他再也不能越过宁远一步，这里将会有一个人，这个人，即使努尔哈赤死后，也丝毫不会忘记，这个人叫做，袁崇焕！

努尔哈赤不是不想一路杀过山海关去，而是他根本没有能力杀过去。

后金的部队都是以战养战，一路烧杀，抢来的东西就当做部队的食物，他的军队没有专门的后勤部队，都是抢，抢的越多，他们的战斗力就越强。

可是，好家伙，熊廷弼玩了一手狠招，把山海关外的东西全烧光了。努尔哈赤的部队没有粮食了，他只好打道回府。而且，他的后院，也起火了。

第十一章　努尔哈赤的统治危机

1621年（明天启一年，后金天命六年），努尔哈赤占领了辽沈地区，直接把明朝的统治地区放入自己的腰包。原本努尔哈赤很高兴，这里十分富有，而且是东北地区的交通枢纽。为了赶快控制住这块地方，他赶忙把都城从落后的界藩城迁到辽阳。但是辽阳刚发生过战争，破坏严重，于是努尔哈赤在辽阳的旁边新修建了一个城市——东京城。这就是今天的沈阳。

可是刚刚搬家的努尔哈赤没有高兴太久，他就发现了一个大大的问题。

这个问题说来复杂，最简单的比喻就是后金的硬件太落后，运行不了辽东的软件。

为什么这么说？

努尔哈赤的后金国，是个奴隶制国家，而他占领的辽东地区是封建制。

这么说或许比较学术，我们举个例子。

士兵兼奴隶主张三的一生

1587年努尔哈赤在费阿拉称王以前，张三是一个普通的女真人，他二十岁以前还是一个原始社会青年，日常的生活就是大家一起打猎，猎物大家一起分，自己家五口人，虽然不是每次都能吃饱，但每个人都能分到。部落里面的事情他都参加，而且可以发表意见。

1587年以后，张三不再是一个原始人了，他变成了一个奴隶，不管是打猎，还是种田，他们全家都要工作，他家的收入几乎全部都要上交，每次全家都吃不饱。部落里面的事情，根本不让他知道，他也没有权利发表意见，除了打仗和种田，他没有别的事情做，也没有别的地方去。

他还是一个士兵，是正蓝旗的一个军人，打了这么多年的仗，他作战勇敢，有很多功劳，家里也逐渐富裕起来，抢来的汉人的财富和衣物够全家用很多年，还有十多个汉人当奴隶。全家有四十多亩地，那几个汉人种地种得不错，田里的收入不少。当然，张三可以随便杀死那些明朝奴隶，然后用一只羊就可以再换到一个年轻的。

不过，张三同父异母的弟弟生活得很惨，他弟弟打仗不行，家里越来越穷，后来活不下去了，就把自己卖给了隔壁李四家，变成了李四家的奴隶。

1621 年，领袖努尔哈赤占领了辽沈，把都城迁到了辽阳，张三也跟着搬过来，这里比界藩城好多了，张三的田也扩大到七百亩，奴隶一百多人。

可是没过多久张三就发现，这里的一切都很奇怪。

这里没有奴隶，也没有奴隶主，只有地主和农民。农民可以随便跑，只要每年交了地租就可以，地主也不能随便惩罚或者杀死农民，据说那是犯罪行为。

这里的地主家里的人据说不叫奴隶，而是叫做仆人，不仅可以自由来去，还要给他们工资。张三心里想，我还要给我那几个奴隶钱?

张三想不明白，为什么要把这些奴隶放出去。他隔壁的李四土地比自己的多，奴隶也多得多，听说那家伙把那些地分给手下的奴隶，然后还借给他们种子、农具、牛，这些奴隶每年要交地租，还要帮李四耕种没有租出去的地。

不久，张三发现，自己的奴隶有很多人都跑了，找也找不回来。于是，张三到处搜捕，遇到了很多汉人，这些汉人对张三的态度很不好，双方起了冲突，结果自然是张三获胜，杀这些汉人一点儿罪过也没有，怕什么?

张三没有想到，这里的汉人很多，他杀死十几个汉人的第四天，一百多个汉人趁夜里冲进了他的家，杀死了他的儿子和母亲。

张三要报复，他率领自己的部队把那个地方的几百个汉人全部抓起来杀个一干二净。

张三还听说，李四家也发生了同样的事情，结果死的是李四本人。

张三的生活原来很普通，也很简单，可是自从来到了辽沈，他发现自己的生活越来越复杂，让他完全无法适应，他现在有的时候还会回忆起当年还是原始人的时候，那个时候多么简单啊。

张三的人生只是一个普通的女真人这些年的一生。

这也是努尔哈赤的一生。

张三不明白的地方，努尔哈赤也不明白。

张三杀死那么多汉人的事，努尔哈赤也做过。

计丁授田与庄田制

努尔哈赤打仗的时候不会想到，他还需要管理这些分田分地的事情。他想不到，女真人也想不到。可是他们想不到的，往往会给他们带来危险。

辽沈汉人很多，和女真人混住在一起，不是变成了奴隶，就是财产被抢走，生命被剥夺，自由被控制。

努尔哈赤修建东京城，驱使大量汉人充当劳力。

努尔哈赤强迫汉人当兵，然后去攻击明朝。

努尔哈赤实行的是奴隶制，可是汉人的封建制都已经数千年了，谁也不愿意当奴隶。

奴隶是什么状况，恐怕没有读者不了解。

如果你是奴隶主，对待你的奴隶，你可以随便打，随便骂，随便杀，还可以不给他们饭吃，不给他们衣服穿。奴隶的待遇甚至还不如动物。汉人不甘受到欺辱，便准备群起反抗。

搬迁到辽沈的女真人，为了抢占地盘，往往内部还会出现火并，而且原有的机制都被打破，女真部落之间居住混乱，八旗制度受到冲击。

为了解决上述状况，努尔哈赤采取了“计丁授田”和“庄田制”的方法。

“计丁授田”的方法是——田地属国家所有，个人拥有使用权。

田地分成公有和私有两种。

私田：

每个男性，不论年龄和民族，都分到田地36亩。

30亩种粮食，6亩种棉花。

公田：

三个男性，另分到田地6亩，收入上缴给国家。

义务：

二十个男性中，派一个人当兵（兵役），一个人给国家干活（徭役）。

这个“计丁授田”是个很奇怪的方案。它本身就有矛盾，而且很不合实际。

首先，说是分没有主人的田，但是没有田是没有主人的，除非是荒地，而荒地不应该计入田地。无主的田来源值得推敲。

其次，公田和私田这种分法极度落后，和两三千年以前西周的井田制是一样的，那个时候的耕种水平落后才会出此下策。努尔哈赤现在采用这种方法有些可笑。

再次，当兵和服徭役的人是怎么选择的？二十个人选一个当兵，选一个服徭役，选谁？服徭役还容易解决，轮流去就是了，可是当兵呢？有什么选择标准？万一选去的人死了，怎么及时补充兵员？

和平年代，这个“计丁授田”还马马虎虎可以凑合，但是战争时期用这种办法显然不合时宜。

以前的后金都是奴隶主庄园，庄园里的所有东西归庄主管。可是现在实行“计丁授田”，庄园没有办法继续下去，只好改革。改革以后的就是“庄田制”。

庄田制其实没有改变奴隶制度的本质，只是做了修改。

庄田制的方法是这样的。

每个庄园里，十三个男性种田600亩，其中120亩的收入上缴国家，480亩的收入自己保留。

自己保留？自己都是属于庄园主的，自己的收入难道是自己的？

关于庄园的兵役和徭役问题没有详细记载。

有人说，这两种制度意味着旧的奴隶制崩溃，新的封建制诞生。

我说，这是完全的错误。

后金一直都是完全的奴隶制，没有丝毫的改变，直到他们入关以后的一段时间，还依然是奴隶制。

为什么说依然是奴隶制？

先来讨论“计丁授田”。

一个最显著的标志：在“计丁授田”的田地上耕种的人，没有丝毫的人身自由。这是奴隶制区别于封建制的根本。

“计丁授田”中的人，不能离开自己分到的土地，也不能进行土地买卖，连土地上的耕种作物的品种都受到控制，还要负责耕种国家的田。这其实和西周井田制没有区别。

井田制是什么？井田制是西周奴隶制社会的两大标志之一。

封建制度下，农民对地主的依附关系比较松散，农民对租来的土地有很大的自由，至少可以决定耕种作物的品种。

再来看“庄园制”。

西周的另一个奴隶社会的标志——分封制，其实和后金的庄园制也没有根本上的区别。

西周的庄园主，都是西周国王的儿子、亲戚、大臣。后金大的庄园主，也都是努尔哈赤的儿子或者大臣。

西周的庄园里，奴隶干活，分为公田和私田，私田收入给庄园主，公田收入给国家。这和计丁授田也没有区别。

而封建社会的农奴制，农奴有着属于自己的土地，只不过在普遍的情况下，收入的大部分要交给国家。

这就是问题的关键，后金的庄园里，奴隶没有自己的土地，规定的耕种面积只是必须要完成的任务，收入也不归自己所有。

所以我们说，后金的这一套田地制度，依旧是奴隶制，而不是封建制。

而且还有一个最直接的证据证明后金还是奴隶社会。

后金的军事头目，总是在进行人口的掠夺。不是奴隶社会，掠夺人口干什么？

有一本书这么记载：

天启元年七月，李永芳俘获镇江人一千名，皇太极俘获镇江人一万二千名，俘获长山岛人一万名，镇江人三千名；

天启二年一月，俘获毛文龙部下一万名，三月，俘获镇江人七百名；

天启三年七月，大贝勒俘获辽河沿岸居民一千零三十七名，俘获岫岩人六千七百名。

简单的加法，三年时间，汉人有43700人变成奴隶。

正因为它原本就是奴隶制，还把辽沈封建制变成奴隶制，这是奴隶制的复辟，当然不是社会进步的代表。

所以，不愿做奴隶的人们，把他们的血肉，铸成一条捍卫封建制的长城。

后金的社会危机急剧加深。

辽东汉人的鲜血

没有民族

努尔哈赤没有接受过现代社会的高等教育，也没有系统地学习过西方传过来的关于民族的理论。他不知道什么是民族，他只知道对面的是汉人，西边的是蒙古人，自己是女真人。这些不是民族，只是群体。

中国自古也没有所谓“民族”的严格区分，直到晚清，从西方传过来“民族”一词，然后被炒作到今天这个高度。

《左传》有“非我族类，其心必异”这句话，这成为很多人坚持中国自古以来存在民族观念的证据。

不过，这一看法相当不准确。

《左传》里面的这句话，只是从一个很小的范围里说的。这个范围甚至小到一个家族，一个封地。家族外面的都是“非我族类”，封地外面的都是“非我族类”。它并没有说“汉族”是我们的民族，北方的游牧就是“异族”。

既然没有民族之分，也就不存在民族之间的仇恨与屠杀，对努尔哈赤来说，他这一辈子杀过无数的人，还包括自己的亲人，死在他刀下的人如果每个人砍他一刀，他就会被千刀万剐。

他杀人的理由很简单，谁比他的牛羊多，谁比他有钱，他就要杀谁。

他杀的人里面，到现在为止，最多的当然是汉人，其次就是自己人——女真人，还有不少蒙古人和朝鲜人。

而发生在后金天命六年（1621年，天启元年）的辽沈战役，则让努尔哈赤背上了更沉重的人命包袱。这一仗，明朝军队当场死亡人数接近十万，负伤导致日后死亡的接近六万。死在后金屠刀之下的普通民众人数就更多。

我们曾经描述过努尔哈赤占领抚顺、清河、铁岭、开原等地的情况，不但放火烧毁城市，打包卷走所有的财物、衣服、牲畜，甚至连人都不放过，全部被抓走当奴隶。

汉人当然不会没有反抗，明军当然不会不加抵抗。我们说过，明朝是中国历史上对待外敌态度最为强硬的朝代，这或许是延续了开国皇帝朱元璋和后来的成祖朱棣的性格。即使打不过，也绝对不会媾和。

我们也可以看到，虽然在和努尔哈赤的战争中，有过叛徒的出现，但是，总体上的明朝军队都是绝对优秀的武装力量，这一点不能从能力说，而应该从意志上说。

到目前为止，战死在辽东的明朝总兵级别的官员不少于十个人，低级别的军官更是成百上千，普通士兵伤亡有五十万之多。这些人都是从全国各地派遣到辽东战场的。

虽然，明朝的主力军队都退入了山海关，可是残余的部队还在，他们无时无刻不在准备进攻努尔哈赤。

杀人自然会引起反抗，汉人的抵抗一波接着一波。

上面说的都是在占领辽沈之前。

占领辽沈之后呢？

奴隶、辫子与当兵

占领辽沈之后，努尔哈赤的一些政策，也让辽东的民众无法忍受。

首先当然是前面提到的奴隶制度，大家都是先进的封建制下的人民，努尔哈赤让大家退后到奴隶制度，从农民变成奴隶，谁都不愿意。

其次是剃发令，后金人都是甩一个长长的大辫子的。努尔哈赤担心辽东汉人不是真心地归顺，就命令他们都把头发剃了，和女真人一样梳辫子。

汉人自古以来的传统是：身体发肤，受之父母。那是天大的事情，不能有丝毫损伤的。得到这么一个命令，当然是不愿意。

于是努尔哈赤在占领辽沈以后，派人在城门口守着，谁要是没有辫子，就抓去杀死。汉人的心里都认为，我剃了头发是可以，能够保住性命是关键，可是等到我们明朝的军队打回来，我们剃了头发，朝廷的军队不认识我了怎么办？

有些书记载说努尔哈赤下令在辽阳全城搜刮民财，规定富人每人留下衣服九件，中产阶级留下衣服五件，穷人留下衣服三件，其他的财物一律交出，搜集来的衣物放在辽阳教军场上让后金奴隶主和蒙古贵族们分。

同时，驱赶辽阳官民迁往城的北半部，把南半部空出来给努尔哈赤、众贝勒、大臣及女真军户居住。

虽然有些人很听话地就把头发剃了，把衣服脱了，但是更多的人是不答应的。这不一定是出自民族尊严或者是民族气节，而是因为如果有人强迫你做你不愿意做的事情，而你还有些骨气，你一定会反抗，这是人的天性。

最后是让汉人去当兵。

让汉人把钱都拿出来，梳个辫子也就罢了，可是努尔哈赤还让汉人去当兵。所有的汉人家都要出兵，家有父子五个人的出三个人，有三个人的出两个人。先不说这种规定是不是合理，就单纯从当时汉人的心理来考虑，这一规定必然会激起反抗意识。

大家刚刚还是明朝人，家里的人在对抗后金的时候死了很多。转眼间，连衣服都没有换，就直接去杀自己的同胞。谁下得去手？

不反抗努尔哈赤，反抗谁？

最初的反抗只是一家或者两家，既没有数量优势，也没有组织优势。不过随后组织起来的反抗队伍很有规模，努尔哈赤也花了大力气才扑灭了这些反抗。

甚至于连努尔哈赤的儿子，继承努尔哈赤事业的皇太极也说努尔哈赤在辽东的各项手段过于严酷。

自己人骂自己人，更能想象当时的真实场景。

汉人的悲惨遭遇

皇太极说自己的父亲晚年弊政太多，我们大致列举一下。

第一是屠杀汉民。

天命八年六月，据说复州的汉民想逃跑，努尔哈赤派兵二万屠城，全城一万八千余人只剩下五百多人。

天命九年，努尔哈赤连下九次命令，派大批八旗官兵，在金国的大部分辖区，检查汉人的粮食，凡每人有谷物不及五斗的，定为“无谷之人”。努尔哈赤认为这些“无谷之人”是“不耕田、无谷、不定居于家，欲由此地逃往彼处（明国）之光棍”，全部杀死。

天命十年十月，因为汉民叛逃不绝，不断袭击后金军队，努尔哈赤派八旗大臣率军队在后金国里面，“分路而行，逢村堡，即下马而杀”，只要看到汉人，就全部杀死。

在今天看来，这就是种族灭绝主义，以至于当时有一种说法叫做辽东的汉人都被杀光了。

第二是强占民田，把汉民变成奴隶。

后金的大奴隶主在战争时期一直掠夺汉民当奴隶，让其在自己从汉人手中夺过来的田地上耕种。天命十年十月大杀反金汉民时，又将没有叛逃的汉民全部变成奴隶。

没收后金国领地里全部汉民的田地，然后把汉人编号，一个农庄十三个人、七头牛，耕地 600 亩，480 亩供庄主自己用，120 亩交税。这就是我们以前说的“庄田制”。

第三是怀疑歧视投降后金的汉人官员，仇视当地的汉人知识分子。

辽东的汉人反抗不断，努尔哈赤无法镇压，就开始怀疑投降的汉人官员是不是故意渎职。天启二年，努尔哈赤公开指责李永芳等人与河西的明人有勾结，故意损害他的事业，表示今后不再相信他们。

天命十年十月大杀汉民时，努尔哈赤专门指出，窝藏明朝奸细、煽动汉民叛逃者，都是原来明朝当官的人以及读书人，必须一律“甄别正法”，致“使贤良之书生亦被杀绝”，所有的读书人全部被杀死。

此外，为了防止汉人反抗，他还先后发布了很多命令，比较具有代表性的是：把河西的人全部搬到河东，河东的人全部搬到河西；不准汉人拥有武器；汉人和女真人混合居住，女真人负责监视汉人等等。

对待反抗，每个人采用的手段都不一样。最极端的手段是杀。

白起活埋赵军40万，日后被迫自杀。

项羽杀死秦军20万，日后自杀于乌江岸。

希特勒建立集中营，残杀数百万犹太人，德国战败。

日本在南京屠杀中国人30万，无条件投降。

历史上，采用“杀”这种办法消灭反抗的，全部没有好下场。

如果努尔哈赤能够多活二十年，且不断地屠杀汉人，后金国将会覆灭。

可是他没有活那么长的时间，这个时候他已经六十多岁，已经快要死了。他死后，皇太极立刻转变政策，不再屠杀汉人。所以皇太极能够战胜明朝。

等到入关以后，清朝还是发生过屠杀事件，不过那个时候明朝的抵抗已经很小了。

我们说了努尔哈赤这么多血腥的手段，也不妨探讨一下努尔哈赤为什么要杀汉人？

其实这都是狭隘的群体观念在作祟。特别是像努尔哈赤这种从小群体中成长起来的人，排外意识就更强。

以前，努尔哈赤还只是一个建州首领的时候，他的群体就是建州，所以他对建州以外的对手丝毫不手软，被他杀死的敌对女真部落的女真人数不胜数。

现在，他统一了女真，他的对手变成了明朝，他的群体变成了后金国或者说是女真，所以女真以外的对手他也毫不留情。蒙古这个时候还是朋友，屠杀的对象只有明朝人。

自己占领了明朝人的土地，把他们变成了奴隶，肯定有很多人想反抗，女真人少，要是汉人全部起来反抗，女真人顶不住，怎么办呢？

一个字：杀！

我把你们都杀光，归顺我的都变成奴隶，不归顺的拣那些身体好的也变成奴隶，其他的全部杀死。杀完了，你想反抗也不能成事了吧！

而且，他担心女真人会被汉人同化。他认为汉人狡诈，有钱，人口多。如果他不杀完汉人，许多年以后女真人就会全部变成汉人了。

最迫切的一点是，在汉人的制度下，田地归个人拥有，农民只要交税就可以。但是努尔哈赤不喜欢这一套，他的信条是奴隶制度。他和他的手下们打到辽东来，发现这里的土地都有人种了，那怎么办?

杀!

杀完了以后把土地全抢过来。

可是，历史证明，反抗的人是永远杀不完的。努尔哈赤也发现，他越杀，汉人就越多；汉人越多，他就越抓紧杀。结果陷入了旋涡，不能自拔。

而且，杀人的后果是很严重的，不光是引起更大的反抗，更重要的是人都死了，没死的都跑了，田没有人种，经济跟不上了。

辽东原有军民数百万，几年之内逃走了三百万以上。汉民长期不断地大量叛逃，被编入庄园的奴隶都跑完了或者被杀完了。

侥幸活下来的不知道什么时候会死，反正都是死，工作没有积极性，因而田园荒芜，百业凋敝，粮谷奇缺，物价飞涨。

有些史书说，这个时候的东北发生了饥荒，一斗粮食值八两银子，大家都有吃人肉的经历。社会动荡就会出现盗贼，东北到处都是强盗，治安极差。

努尔哈赤面对的危机并不只有汉人的反抗，堡垒都是从内部被攻破的，他的统治内部出现了问题。

后金五大臣的去世

罗马城不是一天建起来的。

冰冻三尺也非一日之寒。

后金五大臣也不是一天之内死的。

为什么一直要加一个“后金”的前缀呢?

因为后来清朝也有一个所谓的“五大臣”，这是发生在清朝末年的事情。

1905 年（光绪三十一年），晚清政府为了挽救即将覆灭的清王朝，被迫搞起了所谓的“预备立宪”，准备颁布宪法。然后派了五个人去外国考察。这五个人 1905 年 12 月出发，到 1912 年 2 月清朝最后一个皇帝溥仪退位，清朝倒闭。时间相隔 7 年。

后金五大臣最后一个去世的人是扈尔汗，他在1623年去世。1630年，袁崇焕被崇祯杀害于北京。明朝再无一人能抵挡清朝，时间也是相隔7年。

历史，很奇妙！

后金五大臣为了后来的清朝（当时的后金）立下了赫赫战功，因此有了一个“五大臣”的称号，就像三国刘备的“五虎将”，都是劳苦功高的人物。

可是到了晚清，亡国之时，却也来了一个“五大臣”，难道清朝当时的人想讨个吉利，冲一冲晦气？

如果后金五大臣泉下有知，自己辛苦打下来的基业被后世的人弄成了笑柄，恐怕也是要从坟墓里跳出来的。

我们先回忆一下这五大臣的名字，分别是费英东、额亦都、何和理、扈尔汉、安费扬古?。这五个人，在努尔哈赤当年统一建州之前，就已经全部归附了努尔哈赤，随后，在统一建州乃至整个女真的战争中，都有着卓越的战绩。

我们按照他们去世的时间顺序一一介绍。

费英东（1563—1620）。

1588年，费英东随父亲带着自己部落的人归顺了努尔哈赤，随后戎马一生。

1598年，东海女真的瓦尔喀部被费英东先后攻击三次，最终投降。

1607年，在著名的乌碣岩战斗中，也是费英东率军队赶到，一举击败乌拉部，大大削弱了乌拉部。

1613年，努尔哈赤率兵攻打乌拉部，费英东率先攻破乌拉部的城门，带兵进城，乌拉部被迫投降。

后金建立后，他被任命为顾命五大臣之一（相当于今天的政治局委员），主管刑政（公安部长兼最高人民法院院长兼最高人民检察院院长）。

1618年，努尔哈赤攻打抚顺。费英东被火炮击中，不肯撤退，大呼：“我建州无败退之将，只有战死之将！”率先攻入抚顺城。

1619年，萨尔浒之战中，费英东率本部兵马击溃北路马林的军队。

后来，攻打叶赫城时战况不利，努尔哈赤命令撤退，费英东回报说：“我们已经攻到城下了！”努尔哈赤又命再退，费英东又说：“我们已经爬上城墙了!”没等努尔哈赤下第三次撤退的命令，费英东已经占领了叶赫城。努尔哈赤感叹：“费英东真乃万人敌也!”

这不是努尔哈赤遇到的第一个“万人敌”，等费英东死后，努尔哈赤还会遇到一个“万人敌”，不过这个“万人敌”不是人，而是一件武器，一件让努尔哈赤恨到骨头里的武器。不过这是后话了，留待后面分解。

1620 年，努尔哈赤攻打辽沈的前夕，费英东病逝。在他去世前夕，据说“日向西，云起，有声铿鍧，雷电雨雹交至，不移时而霁”。意思是说“太阳快下山了，突然间乌云密布，天空中有巨大雄浑的声响，雷电大雨冰雹一起出现，费英东刚死，雷电大雨冰雹全部停了，天空中还出现了彩虹”。

努尔哈赤听到这个消息，大哭到深夜，对旁边人说：他是我的左膀右臂，和我同生共死这么多年，如今他先我而去，我怎么能不难过？于是亲自为他守灵。九月，努尔哈赤还到费英东的墓前，洒酒祭奠，痛哭不止。

皇太极追封他为直义公，配享太庙；顺治追封他世爵位三等公；康熙亲自为他撰写碑文，立碑纪勋；雍正追加封号信勇公；乾隆晋费英东世爵一等公，子孙世袭。

中国古代的爵位制度是“王、公、侯、伯、子、男”。

能封王的人，除了汉朝的异姓王以及武则天时候封武家的人为王以外，全部都是皇帝的直系亲属，比如儿子、孙子。普通人是不可能封王的。

随后就是“公”的封号，普通人不可能封王，“公”就是一个人能够封到的最高爵位。费英东先后被清朝三个皇帝封为“公”，这已经是一个大臣能够拥有的最高荣誉。

额亦都（1562—1621）。

1580 年，19 岁的额亦都遇到努尔哈赤，随后跟随努将军一路搏杀。努尔哈赤打下的第一个城——图伦城，就是额亦都奋不顾身率先登上城墙的。

1587 年（万历十五年），额亦都领兵攻巴尔达城，率先登城，身上受伤五十多处，坚持拼杀，最终攻下该城。努尔哈赤赐给他“巴图鲁”（勇士）的称号。

1593年，在击败九部联军的战斗中，也是额亦都率小股人马前去诱敌，并率先反攻，率军队杀死叶赫贝勒卜寨。

在统一女真各部和对明作战过程中，几乎每一次大的战役，额亦都未落下，并屡立军功，努尔哈赤先后将族妹和自己的女儿嫁给他，额亦都成为努尔哈赤的女婿。

额亦都的第二个儿子长得英俊魁梧，努尔哈赤很喜欢，就把他放在皇宫里养大。后来这个儿子仗着努尔哈赤的宠爱变得骄横无礼，额亦都很不满。有一次他把全家人召集到一起吃饭，然后对大家说：我这个儿子傲慢无礼，如果不杀死他，日后对国家一定没有好处。于是他把这个儿子杀了，然后禀告努尔哈赤，努尔哈赤非常感动。

努尔哈赤定八旗后，额亦都隶属镶黄旗，后金建立后被任命为顾命大臣，主管军事。

后来额亦都官至左翼总兵官（南京军区总政委）、一等大臣（副总理）。

1621年，额亦都跟随努尔哈赤攻陷辽阳，随后病死，年60岁。他佐助努尔哈赤创业四十余年，战功卓著。

当他病重时，努尔哈赤“车驾临视，垂泣与诀”，死后又三次“亲临痛哭”。

1636年（后金崇德元年），额亦都被追封为宏毅公，配享太庙。被誉为“忠勇忘身，有始有卒，开拓疆土，厥积懋焉”。大意就是为了后金国的事业公而忘私，有始有终，四处征战，功劳很大。

安费扬古（1557—1622）。

安费扬古以及他的父亲对努尔哈赤的忠诚无与伦比。最初努尔哈赤带领13个人寻找合作伙伴攻打尼堪外兰的时候，他的父亲就是努尔哈赤的合作伙伴之一，并且经受住敌人的威胁，始终没有背叛努尔哈赤。

后来努尔哈赤率兵攻打背叛自己的萨尔浒城主诺米纳，安费扬古身先士卒，率先攻打萨尔浒，并一举占领该城。

此后，安费扬古跟随努尔哈赤南征北战，立下很多战功。在努尔哈赤进攻哈达部的时候，有一次战斗不利，努尔哈赤逃跑，坐骑被杀，努尔哈赤眼看就要被敌军抓住，安费扬古奋勇赶到，救了努尔哈赤一命。

努尔哈赤统一建州以后，把矛头对准了海西女真。这一次，几乎全部的战斗都是由安费扬古负责。说东海女真是被安费扬古一个人打下来的一点不夸张。

1618 年，努尔哈赤攻破沈阳回师的时候，明将军张承荫率军追赶，努尔哈赤回击，安费扬古就是回击的主力军，他打败并且杀死张承荫。

在随后萨尔浒之战、辽沈之战、叶赫之战中，安费扬古都随军作战。八旗制定以后，隶属于镶蓝旗。后金建立后是顾命五大臣之一，和额亦都一起主管军事。

1622 年，安费扬古病逝。努尔哈赤评价他："我们要是穿明朝人的衣服，安费扬古、劳萨打过来，谁能抵挡?"努尔哈赤手下大将如云，而最猛的两个人中，就有一个是安费扬古。日后顺治和康熙先后授予他"阿达哈哈番"（汉语轻车都尉）的爵位，位于"公侯伯子男"之后。

扈尔汗（1575—1623）。

扈尔汗也是随着父亲归顺努尔哈赤的。刚投奔努尔哈赤的时候，他才 13 岁，努尔哈赤很喜欢这个小家伙，就把他当成自己的孩子养。

扈尔汗长大以后，成为努尔哈赤身边的旗手，旗帜是军队的心脏，可见努尔哈赤对扈尔汗的喜爱。扈尔汗很感激努尔哈赤的养育之恩，每次上战场都是抱着必死的决心，每次都是前锋。

建州和乌拉曾经发生过冲突，扈尔汗带着三百人与乌拉一万军队对峙，为努尔哈赤调集军队赢得了时间。

在消灭渥集部、乌拉部和萨哈连部的战斗中，扈尔汗都是绝对的主力。

萨尔浒之战中，扈尔汗先跟随努尔哈赤围歼萨尔浒的明军，又马不停蹄地接连打败杜松和马林，最后还作为阿敏的助手参与了对刘綎的伏击战。

八旗建立以后，扈尔汗隶属正白旗。后金建立后，他是顾命五大臣之一，主管扈从，就是负责努尔哈赤的安全（国家安全部长），可见他和努尔哈赤之间的信任非比寻常，甚至超过了亲生父子。

攻打沈阳的时候，扈尔汗在城外击败明将军贺世贤，取得首战的胜利。后升迁至三等总兵官（这是一个虚衔，只有名称，没有官位，如果换算成实衔，相当于今天守卫北京城的第三十八集团军总政委)。

1623年，扈尔汗去世，努尔哈赤亲临他的葬礼。

何和理（1561—1624）。

何和理也是随着部落一起归顺了努尔哈赤，他是栋鄂部首领的孙子。何和理归顺努尔哈赤的时候已经27岁，算是一个大龄青年。为了表示对何和理的赏识，努尔哈赤把自己的大女儿东果格格（公主）嫁给了他。

何和理智勇双全。后金建立以后，事务逐渐增多，努尔哈赤开始让何和理参与处理政务，这对于权力欲望极强的努尔哈赤来说，是最高程度的信任。

八旗建立，何和理隶属正红旗，后金建立后，被任命为顾命五大臣之一，主管行政（国务院总理)。

在萨尔浒之战中，有记录称，努尔哈赤的战略和战术就是何和理一手制定的。而在东路战场，为了延缓刘綎部队的行军速度，何和理派直属部队拼死抵抗，硬生生将刘綎困在长白山里，使他没有能够及时赶到赫图阿拉，为努尔哈赤消灭其他路线的明军赢得了时间。

攻打辽沈的时候，何和理一直伴随努尔哈赤左右。

1624年，在前四位顾命大臣已经很凑巧地相隔一年相继去世后，何和理也因病逝世。后来被追封“三等公”爵位，仅次于费英东和额亦都。

五位顾命大臣的去世给了努尔哈赤极大的打击，得到何和理去世的消息以后，这位杀人如草芥的豪杰痛哭不止。

努尔哈赤痛哭道：这几位和我并肩作战的兄弟们，你们为什么不能留下来陪我一起死啊?

五大臣几乎在同一时间走到努尔哈赤的旗帜下，又几乎在同一时间离开，他们的去世给处在艰难时刻的努尔哈赤一个沉重的打击。

他似乎已经看到了自己的末日，他似乎已经感受到死亡的来临，他甚至有时候还会突然想到，明天太阳升起的时候，自己还会不会醒来。

在最后一位大臣兼战友兼朋友去世以后，努尔哈赤才真正地感受到生命的脆弱与无助。他才突然发现，自己已经66岁了。按照汉人的说法，60岁是一个人的本命年。自己66岁，自己知道什么是一个人的本命了吗？自己的国号叫做“天命”，可是什么才是天命。

这些年，他的身边，无数的人来和去，有的被敌人杀死，有的自然死亡，有的是被自己杀死。

他不但手刃过仇人，也亲手杀害过自己的弟弟、儿子。他手上的鲜血永远也洗不掉。当他回过头来审视这几十年的杀戮生活的时候，他突然感到无比的困惑。

他开始思考，他的一生到底是为了什么。

这是一个所有人都无法回答的问题，即使经历沧桑如努尔哈赤，也不能找到这个问题的答案。

不管能不能找到答案，有些事情努尔哈赤都必须要做。

历史的脚步走到1620年，当费英东去世的时候，努尔哈赤就已经感觉到了潜在的危险。

他看到自己以及老一辈领导者的衰老甚至死亡，他看到后金国权力层里面许多蓬勃的野心，他看到自己的儿子们的成长和越来越激烈的斗争。

他害怕，他担心，他不知道自己什么时候就会突然死亡，他不知道他死了以后，他的国家会变成什么样子。

他不希望他一手缔造的国家出现分裂，他不希望他的儿子们钩心斗角，为了汗位乃至日后的皇位拼得你死我活。

以前，后金国的大小事情首先由顾命五大臣商量，重大的事情由努尔哈赤自己决定，小事由五大臣直接决定。

但是现在五大臣有人去世了，而自己的儿子们已经长大了。努尔哈赤一个迫切的任务就是寻找他事业的接班人，然后平衡后金国的权力。

他的大儿子褚英的疯狂表演给了努尔哈赤很严重的警告。他决定，让每一个儿子都进入到决策圈，至于谁能成为最后的大汗乃至皇帝，就看谁的表现更好了。

八王共理国政

当初努尔哈赤设立八旗是为了维护团结，而到了现在这个时候，八旗反而变成了孕育分裂的温床。他的几个儿子都有着卓越的战功，八旗的实力也都急剧膨胀。努尔哈赤没有死，一切都没有问题，但是如果他死了呢？八旗听谁的？凭什么听谁的？大家都是平起平坐，而且实力相当，互相打起来怎么办?

而且自己的儿子中间，俨然已经有形成帮派的趋势。1616 年（万历四十四年，天命元年）以后，八旗的八个贝勒以地位、权势和功名的不同，称为四大贝勒和四小贝勒。

代善、莽古尔泰、皇太极、阿敏四个人，年纪比较大（皇太极 1592 年出生，那时已经 24 岁），战功多，实力强，称为四大和硕贝勒。

阿济格、多尔衮、多铎、济尔哈朗四个人年纪很小（多铎这个时候才 2 岁），虽然也是旗主，但是基本上都是受大人摆布的，称为四小和硕贝勒。

四大贝勒不用说了，大家都想当上努尔哈赤的接班人，肯定斗得你死我活。四小贝勒也不简单，虽然他们年纪小，可是他们背后的实力派年纪可不小，要是闹起分裂来，后金国恐怕要分成八份。

所以，努尔哈赤决定，在他还健康的时候，要改变后金国决策制定的方法。

他之所以想改变，还有更直接的导火索。

天启元年初，后金备战完毕，对于朝鲜是战是和的讨论，后金出现了分歧——代善主和，皇太极主战。努尔哈赤本身是一个战争狂人，可是不得不同意代善的意见，采取暂时与朝鲜王国讲和，先攻辽沈的方针。但是代善和皇太极之间的分裂却引起了努尔哈赤的警觉。

攻占辽沈之后，努尔哈赤提出迁都辽阳，八大贝勒之间又出现了纠纷。虽然最后努尔哈赤弹压了反对的声音，把都城迁往辽阳，但是内部的分裂已经很明显。

他不能容忍分裂扩大。

他采用了八王共理国政的办法——让八旗的旗主共同管理后金事务。

1621 年（明天启元年，后金天命六年）1 月，努尔哈赤召集了掌握八旗实际权力的人共同盟誓（年纪大的贝勒亲自来，年纪小的贝勒派代表来）。誓词里面说，希望自己的子孙能够和平相处，内部不能发生分裂，否则天诛地灭。

一个月后，努尔哈赤为了表示自己对四大贝勒并无亲疏远近之分，又将部分权力下放，安排四大贝勒分月值班，处理国家机要事务。这是八王议政的雏形。

1622 年，后金占领广宁之后，大规模的军事行动告一段落。努尔哈赤抛出了自己已经考虑很长时间的方案：八王共议国政。

这个方案的核心有五点：

1. 将原先四大贝勒共议国政改为八大贝勒共议国政；

2. 努尔哈赤死后，新任国君从八大贝勒中选；

3. 八个贝勒拥有推戴、废黜新君的权力；

4. 八大贝勒有权力决定是否更换不称职的贝勒，前提是七大贝勒形成一致意见；

5. 打仗得到的财物必须八家平分。

为了监督八个旗主，努尔哈赤还派了八个大臣到八个旗主的身边。

这是努尔哈赤为死后所设计的政治体制，规定以后推举的共主称国主，不称汗，八旗贝勒称王。原来强调一切必须听从汗的命令，现在强调国主必须听从八王的话，如不听从，可以更换。原来由父汗任命大臣，现在规定由八大王共同议定任命大臣。

这种体制的核心是在努尔哈赤死后，大大地限制汗位继承人的权力，提高八大贝勒集体共治的权力。

可是这种平均划分权力的办法，实质上还是原来的八旗制度，只不过以前的上级是努尔哈赤，以后的上级换了一个人。所以，八王共同议政日后一定会和八旗制度一样出现危机，而且出现的危机会更大。

因为日后，没有努尔哈赤了。

八旗制度有努尔哈赤这尊大神在头顶罩着，出现的分歧到了努尔哈赤这里就被消弭，可是努尔哈赤死了以后呢？谁有那么大的威望和实力能够维护八旗之间危险的平衡？

平衡才是王道，制约才是核心。

绝对平均只会导致更加激烈的权力争夺，因为大家的机会都一样；绝对平均只能使后金国的行政效率和决策能力大大降低，因为大家的权力都一样。没必要一定听谁的，而且各旗都有自己的利益，相互掣肘之下，什么事情也别想办成！

但是努尔哈赤没有那么深的政治觉悟，他想不到那么多。他一心想让他的儿子们能够保持这样一种平等而友好的关系，可是他这样想，不代表他的儿子们也这样想，即使有七个贝勒都和努尔哈赤有一样的想法，可是只要有一个人不同意，这种简单的平等就会立刻破裂。

努尔哈赤没有预料到，他的这种做法在他死后会使后金宫廷出现变故。

他没有预料到，是因为他没有预料到自己会这么快死，他虽然已经63岁，可是他觉得自己非常健康。

所以他没有选择继承人，他打算等到他打入关内，占领北京的时候再作决定。可是，他没有打到北京，他甚至没有打入关内，他率领的军队最远只到了宁远。

这个地方，他1622年曾经到过，当时的宁远只是一座空城，他本来可以越过它，然后一路往前，可是他没有，因为他没有饭吃。

而当他收拾好自己的后院，准备越过宁远的时候，他绝望地发现，他再也没法越过宁远一步。

努尔哈赤没有想到，是的，一个人的一生有多少次能够自己想到？

他击败过无数明朝的将军，他不相信还有人能够阻挡他。他不相信，偏偏就不得不信。

这个人叫做袁崇焕，一个令后世争论不休的传奇人物，一个让努尔哈赤悲伤绝望的人物。

是什么东西让你感到难以应付？

茅坑里的石头——又臭又硬。

是什么人让努尔哈赤感到无比痛苦？

袁崇焕——我就在你的对面，你却拿我没有办法。

如果是周瑜，恐怕会死在宁远城下——吐血身亡。

袁崇焕的出场，需要感谢两个人，一个是空想主义者，一个是战略家。

空想主义者是王在晋，战略家是孙承宗。

第十二章　宁远城永不陷落

熊廷弼和王化贞在辽西折腾了大半年，带回来的只有四十万无家可归的辽东居民和好几万逃难的士兵。

又到了追究责任的时候！

熊大人和王大人双双被丢进了监狱。

有人下监狱，就有官位空出来。

这个官位就是辽东经略使。杨镐做过，现在在监狱；袁应泰做过，在辽阳自杀；熊廷弼做过，现在也下了监狱，眼看活不成了。

可见这不是一个好吃的果子。

虽然这个时候明朝有一堆官位空着没有人做，虽然这个时候大臣们还在泼妇骂街一样地争论着辽东到底要不要。

眼看着努尔哈赤就打进山海关了。要不要辽东是其次，首先是要守住山海关。

可以说不管情况怎么变化，这个辽东经略使都不能没人做。

以前的辽东经略使是个有权有地的大官，好几万军队掌握着，想死也不那么容易。

可现在，辽东经略使？经略哪个辽东？辽东都让女真人占领了。

二战时候，太平洋战争爆发，日本偷袭了珍珠港，美国太平洋舰队主力全部沉入了大海，这个时候尼米兹被任命为太平洋舰队总指挥。当别人向他庆贺的时候，他说，这有什么值得庆贺的，我只是一个光杆司令而已，我的军舰全部沉到大海里面去了。

尼米兹的话只能当一个玩笑，因为美国人很快就重建了太平洋舰队。

可是，明朝去哪里再弄一个辽东出来？

但是，辽东经略使还是要有人来做！

谁来做？

抗旨，不做，是九死一生；接旨，做了，就是十死无生。

可是，对某些人来说，已经没得选择。

张鹤鸣的替班生涯

不得不去的人，首推张鹤鸣。为什么是他？因为他是当时的兵部尚书。国防部长不去谁去？

这当然是表面上的原因，深层次的原因是他一直支持王化贞，贬低熊廷弼，熊、王二人闹矛盾的一个很大原因是张鹤鸣在背后搞鬼。

现在的结果证明是熊廷弼不一定管用，但王化贞是一定不管用。张鹤鸣一直支持王化贞，现在王化贞出了娄子，张先生再不去补，也说不过去。

于是张先生主动请求前往山海关出任辽东经略使，皇帝很高兴，为了鼓励他，特意升了他的官，让他当了太子太保（负责太子安全的官），另外给他穿上蟒衣玉带（很贵的衣服，表示皇帝的重视程度，如果两个官员的级别一样，穿上这件衣服的人比没穿的人地位要高得多），佩带上方宝剑。

张先生这就出发了，从北京城到山海关大概 600 里的路程，我们的张大人走了 17 天。

我们计算一下，按照最无赖的办法，步行，双休日，周一出发，工作日一共 13 天，每天前进 46 里，23 公里。如果每天 8 小时工作制，共有 104 个小时在赶路，每小时走 5.8 里路，2.9 公里。

可是辽东的军情十万火急，肯定是骑马，昼夜兼程，没有休息，你张大人却花了十七天。

如果敌人在你出发的时候正在攻打山海关，等你到了，恐怕人家都攻下来好几回了。

花了十七天也就算了，你总该干点事吧？

张大人干了两件事：第一件事就是整天抓间谍，到处抓，把山海关弄得鸡飞狗跳；第二件事就是每天和蒙古人大摆筵席，公款吃喝。

抓了几个月的间谍，吃了几个月的公款，张大人估计是腻味了，就递交了辞职信，他说我每天抓间谍，每天吃荤腥，把身体都给搞垮了，皇上你让我回家吧。

根据最新的劳动法，员工只要递交了辞职信，当场就辞职了。

不知道那个时候天启皇帝是不是学过最新的劳动法，也没有为难张大人，就让他辞了。

张大人辞了，还要再找人啊。

可是现在东北已经烂的不成样子了。如果这么说不形象，那就拿中国足球来比喻。

当时的东北就和现在的中国足球一样烂。这样你明白了吧？

这么烂，没有人愿意去，只好找不得不去的人。

这个替死鬼是王在晋。

王在晋会空想

王在晋也不想当这个要命的辽东经略使，可是没办法，该是他的，跑不掉。

王先生在张鹤鸣当辽东经略使的时候，接替张先生管理兵部，成了代理国防部长。现在张先生辞职，王在晋就扶正了，成了正式的国防部长，倒霉的就是国防部长。

和张鹤鸣的待遇一样，除了没有当太子太保之外，王在晋同志也穿着蟒衣玉带，手拿上方宝剑，快马出了北京城，直奔山海关。

这个人，虽然不一定会打仗，但是很勇敢，至少没有花十七天才到山海关。而且他很勤奋，到了山海关之后，立刻开始了自己艰巨而危险的工作。

和熊廷弼第一次经略辽东的时候一样，王在晋把山海关里里外外跑了个遍。

毛主席老人家曾经说过：没有调查就没有发言权。

在这一点上，王在晋大人比朝廷里面大多数只会拿人品说事的官员要来得实在。至少，王大人能够亲身体验东北的局势，亲眼见到东北的环境。

现在，王大人已经在亲自准备防御东北的计划。

毛主席说过的话当然没有错，错出现在王大人身上。

王在晋的确很辛苦地调查过山海关的地形，敌我双方的实力等等。调查过自然有权利发言，可是，如果你调查过后得出了错误的结论怎么办？

牛顿看见苹果落地想到万有引力，我看到苹果落地想到这苹果熟了可以吃。

一件事，每个人结论都不一样，不然也就没有熊廷弼和王化贞的意见不合。

很不幸，王在晋的结论就是错的。

他是一个空想主义者，计划看似很完美，可是却有着致命的缺陷。

他给皇帝的报告里面这样说：

"清河、抚顺的失败在于守将轻敌，萨尔浒的失败在于统兵将帅轻进，广宁失守在于边将轻易出战。"

三个失败的原因说的也马马虎虎，虽然不全对，至少有点道理。

"抚、清失守使辽东已经成了'危局'，开原、铁岭失守使辽东已经成了'败局'，辽沈失守使辽地成了'残局'，丢了广宁使局面完全坏了，辽东没地方布置了。"

这话说得不错，好比一盘象棋，本来大家车马炮卒一应俱全，可是突然间小卒全被吃了，炮暴露在对手面前。紧接着炮又被吃了，只剩车和马（辽沈和广宁），现在车马炮都没有了，你还想挽回局势，的确有些不太可能。

不过，还有一个地方王在晋没有留意，从广宁到山海关还有一段距离，这中间有着狭长的地带——辽西走廊，左边是高山，右边是大海，这段地方为什么不能守？可能王大人没有去过，他一心想守住山海关，这也不能怪他。

基于以上的认识，他报告的结论是明朝必须退到山海关，关外不能要，也要不来。

守山海关这个决定是每个人都知道的，王在晋当然也知道。山海关一旦失守，明朝就要考虑迁都了。

但是，王在晋还知道，如果他的报告里面提到仅仅死守山海关，一定会被朝廷的官员们指责为不思进取、无所作为，这样以后回到北京城一定没有好下场。熊廷弼第一次被撤职就是因为熊同志总是防守。

所以，王在晋很聪明地提出一个建议，他说，这个山海关是不能丢的，所以一定要守住，但是如果敌军太强大，我们全部挤在山海关里也不是办法，迟早还是要被攻破，所以一定要在山海关的前面再修一个关口，这样新修的关口就是抗击努尔哈赤的前线，即使守不住，也能消耗掉努尔哈赤不少力量，山海关的压力就会大大地降低。

在王在晋的计划里，新修的关口在八里铺，山海关以外四公里的地方。

这个计划很狠毒，不死守山海关是正确的结论，但是修新的关口则是错误的结论，而且在四公里外修更是错上加错的结论。

四公里的缓冲地带能干什么？

士兵跑步不到一个小时就可以到达，努尔哈赤是骑兵，十五分钟足够。万一八里铺被攻破，守卫的士兵往哪里走？爬山？跳海？回山海关？

说白了，八里铺就是一个为了掩人耳目的牺牲品。

或者说，八里铺只是一个不会打仗的官员空想出来的堡垒。

八里铺没有可以死守的条件，被攻破只是早晚的事情，而八里铺一旦被攻破，山海关就直接暴露在努尔哈赤的面前，能否挡住，是一个大大的问号。

这是一个很危险的计划！

可是明政府偏偏对王在晋的计划很欣赏，拨了20万两黄金专门支持这个计划。

这个计划的缺陷，王在晋不知道，明政府不知道，可是有人知道。王在晋这个想法刚刚诞生，就遭到了下属的质疑，而当他不顾质疑将报告递交上去的时候，他的下属干脆也递交了一份报告给了中央，直接点明王在晋计划的幼稚。

递交报告的人是袁崇焕，他直接把报告交给了首辅（国务院总理）叶向高。

在袁崇焕的报告里，防线至少应该扩大到宁远。

后来，经过历史证明，袁崇焕的这个建议是正确的。因为在以后的二十多年里，后金无论是努尔哈赤，还是皇太极，谁也没有能够越过宁远城，进入山海关。

叶向高以前是杨镐的后台，可见也是个不懂辽东局势的人，但是能当上首辅大臣，就不会是个傻子。

他不知道情况，拿不定主意，所以他找来了一个人，专门咨询关于东北的问题。他找来的这个人叫做孙承宗。

现在的孙承宗是内阁大学士知兵部事（相当于国务院副总理兼国防部长）。他也没去过东北，当然也不能给出什么结论，不过他说了一句话。

他说，既然无法决定，不如让我去看看吧！

孙承宗这一去，使得明朝真正具备了固守辽西、伺机反击的能力。

而努尔哈赤郁闷的老年生活就此开始。

孙承宗出场

孙承宗，简单介绍一下。

现在的保定高阳人，离著名的白洋淀很近。

据史书记载，这个人长的不像当时一般的读书人斯斯文文，弱不禁风，面白无须。他长得高大粗犷，一脸的络腮胡子，很像猛张飞的样子。

他也不像普通的读书人“两耳不闻窗外事，一心只读圣贤书”，他年轻的时候就外出游历，这一点和写《史记》的司马迁很相似。

他不但在内地游历，还经常跑到边塞去教书，甚至沿着古代战场的遗址到处探访（这些地方很危险，靠近边塞，随时可能被蒙古人杀死）。因此，他认识了很多常年驻守边疆的老兵，也精通明朝边塞的情况。

他把大把的时间花在了“旅游”上，直到42岁那年，才去参加科举考试。第一次考，他就考了第二名，叫做“榜眼”。古代的规矩，前三名都要进翰林院，这个地方类似于现在的党校，不是行政单位，但是潜在的规则是，没有进过翰林院，是不能当内阁大臣的，也就是不能成为部长。

后来，孙承宗成了天启皇帝的老师之一。天启皇帝很有趣，不喜欢当皇帝，喜欢当木匠，而且技术很好，连宫里的工匠都自愧不如。这个皇帝听别的老师上课都是睡觉的，只有这个孙老师上课，皇帝很有精神。

辽沈失陷的时候，有人提议让孙老师去辽东，但是天启皇帝不希望自己最喜欢的老师去冒险，没有答应。

这一次去辽东，也不过就是去巡视一番。

用一句话来评价孙承宗——这个人很牛！

一个人是不是牛，要看他死后别人对他的评价。

一个人活着的时候，大家为了拍马屁或者面子上的问题，鼓吹他怎么怎么牛。可是当这个人死了以后呢，没有一个人再愿意提起他，这当然不算牛人。如果一个人死了以后，还有很多人说他牛，这个人才是真的牛！

有些人称呼有些人是“大师”，我们等着吧，等这个“大师”百年之后，要是还有很多人说他是大师，甚至是记住了这个人，这个人才是真正的大师。

有些人说有些人学术水平深厚，写的书价值很高，好吧，我们姑且冷眼看着，看这书的作者死了以后，如果还有很多人看它，还有很多人引用，这本书才是真的有价值。

套用一句很俗却很有智慧的话来说，就是：时间，是一切东西的试金石。

我们还可以很臭屁地大声呼喊：让时间来证明这一切吧！

时间，真的能够证明一切，孙承宗死了整四十年以后，清朝的史官开始写明史，中国写史的传统，是按人来写，而不是按事、按时来写。

写皇帝的历史叫做本纪。写王族、后妃、著名人物、大臣的历史叫做列传。

明史一共二百二十列传，记载的人物上千，每个列传里面都有若干个人，少的两三个，多的十多人。

可是，只有一个列传里只有一个人，这就是《明史》列传第一百三十八。

里面住的人不是徐达（明朝开国第一武将），不是常遇春（明朝开国第二武将），不是李善长（明朝开国第一智囊），也不是刘伯温（明朝开国第二智囊）。

不是王守仁，不是张居正，不是袁崇焕，不是史可法。

他是孙承宗。

他的列传里面只有他自己，还有一段文字记录他的儿子，大约 100

个字。

这已经完全证明了他的能力和他的品格。

中国古代写史还喜欢在结束的时候加上一些评价。

《清史》给孙承宗的评价是：国是如此，求无危，安可得也。夫攻不足者守有余，度彼之才，恢复固未易言，令专任之，犹足以慎固封守；而廷论纷呶，亟行翦除。盖天眷有德，气运将更，有莫之为而为者夫。

我们翻译一下：如果明朝按照孙承宗的办法，就不会出现危险。孙承宗想打败后金不容易，但是防守后金的进攻却是绰绰有余，他不一定能够收复辽东，却一定可以守住。但是明朝却不再任用他，这是因为上天眷顾我们清朝，借明朝的手将他除去。

再翻译一下：如果不是孙承宗被明朝开除了，我们清朝永远不可能打入关内。

清朝人写的历史，都认为自己打不过孙承宗，如果不是得到了清朝皇帝的默认，在清朝那么严酷的言论控制之下，这个史官恐怕要诛二十族，或者是对史官方圆百里的一切生物实施人道主义灭绝。

但是，史官不但写了，还安然无恙。

这只能说明一件事，孙承宗的成绩无法歪曲。

孙承宗不知道后世会给予他这么高的评价，此时他正忙着赶往山海关。

孙承宗来了，他来了以后和王在晋一样到处转悠，观察地形，评估敌我双方的形势。

调查过后的孙承宗也有了发言权。他把王在晋找来问话。

他们之间的这一段对话堪称经典！

孙承宗首先问道："王大人，你的新城建好之后，你是想从旧城调四万人过来守城吗？"

王在晋以为孙承宗认同自己的计划，很高兴，赶快回答道："不是啊，我打算另外派四万人过来。"

没想到孙承宗听到这个答案以后态度立刻转变。

他立刻连续追问道："这么说，这八里之内就有八万军队驻守了是不是？"

“一片石（长城上一个重要的关隘）的西边就没有兵驻守了是不是?”

“八里之内有两个关口，新城和旧城靠得这么近，旧城前面埋的地雷、陷马坑是给敌人准备的还是给我们的新兵准备的?”

“既然新城能够守住，为什么还要守旧城?”

“如果新城守不住，军队退下来，你是打算把城门打开让他们进来，还是打算把城门关上，让他们在城下被敌人杀死?”

王在晋立刻傻眼了，他要是能想到这些事情，也不至于拿出那么一个可笑的方案。憋了半天，他好不容易冒出来一句话：“关外面还有三个关口可以让他们进来。”

孙承宗立刻追问：“既然都是打败了逃跑，为什么还要建新城?”

王在晋还想争辩，他回答说：“我这就在山上建三个寨子，部队打败了可以到这三个寨子里面避一避。”

孙承宗彻底怒了，他质问道：“仗还没有打你连逃跑路线都准备好了，你是不是很希望我们打败？我们的军队知道进入那三个寨子，敌人难道就不知道也进去？你现在不想着收复国土，只知道躲在关内自守，有你这样的人，国家将永无宁日!”

王同学无语了，原本认为一个很完美的计划现在被人脱得一丝不挂。

一丝不挂也不要紧，王在晋小朋友还是辽东经略使，你孙承宗只是来视察工作的，辽东还是王在晋说了算。

孙老师口水浪费了一吨，嗓子哑了十次，可是王同学就是不听。

不听?

孙大人有的是办法，他可是当今皇帝最喜欢的老师!

孙大人赶快回朝，趁着给皇帝上课的机会，他直接对天启皇帝说明了东北的情况，然后说这个王在晋能力太差，不能让他当领导。

天启皇帝听了老师的话，就撤了王在晋的辽东经略使的官职。然后，孙承宗当即表示，自己愿意再次前往辽东，为国效力。

天启皇帝曾经拒绝让孙承宗出任辽东首长，一是喜欢听他上课，另一方面估计也是明白这个辽东经略使的下场都不怎么好，万一老师去了，被大臣们批判，自己想救也没有办法救。

但是大明朝这个时候已经无人可用，天启皇帝只好同意了孙老师的请求，让他出任辽东经略使。

为了表示对老师的尊重，他给了孙老师前所未有的权力，孙承宗有权处置北京以东地区的一切事务，而且天启皇帝亲自给他送行。一群大学士（正副总理）送至北京的崇文门外，另外还有国库80万两黄金的军费。

这是明朝历史上从来没有过的决定，一个大学士（国务院总理），当今皇帝的恩师亲自前往辽东镇守那么危险的地方。

但是，布置东北的防御已经刻不容缓！这一年是1623年（明天启三年）。

孙承宗会防守

在前往山海关的路上，孙承宗签发了自己作为辽东经略使的第一份文件。

这是一份人事任免书。

江应诏制定军队制度，袁崇焕建设军营，李秉诚训练火器，善继管理后勤，杜应芳维修装备，孙元化筑炮台，宋献管理战马，万有孚准备木材，祖大寿辅助觉华岛防守，陈谏前往前屯帮助赵率教，鲁之甲安置难民，李承先训练骑兵，杨应乾招募辽民当兵。

人说，一个优秀的统帅能够“运筹帷幄之间，决胜千里之外”，孙承宗还没有上任，就已经做好了长期防御的准备。

孙承宗明白，不管是主守还是主战，首先，都必须要守住。

如果守不住，哪里来的阵地进攻？

如果守不住，大明朝甚至有可能灭亡。

孙承宗也不想防守，可是不防守，他怎么进攻？

在东北亲自调研并听取了包括袁崇焕在内的一批前线将领的意见之后，他的心中已经有了一个防御计划的雏形。

事实上，在孙承宗回到北京城以前，一个庞大的防御体系已经出现在他的脑海里。他回京只是为了获得皇帝的支持，他也曾和皇帝详细介绍过这个防御体系的具体构想。

当然，这个构想距离日后坚若磐石的关锦防线还有很长的一段路要走，而孙承宗的目标也不仅仅是他对皇帝提出来的构想，这个想法太小了。

获得了皇帝的支持，孙承宗回到山海关，这个庞大的防御体系就已经开始建设。

当然不能是死守山海关，这是绝路。

建立防线之前，孙承宗还有一件事要做：练兵。

练兵

打仗打的是什么？打的是人，打的是兵。没有人，建立防线有什么用？谁去守？谁守得住？

王在晋当辽东经略使的时候，可能是吸取了前面袁应泰等人的教训，认为士兵不能要关外的人，说不定人家就是叛徒。所谓“辽人不可用”，就是不能相信辽东的士兵。

孙承宗对此不以为然，他认为，内地来的士兵才是没有战斗力的，大家都想早点回家搂着老婆抱着孩子，谁愿意拼命死战？

相反，辽东人就不一样，他们也是明朝人，也是汉人，都是逃难逃到山海关来的。他们的家在辽东，那里有满山遍野的大豆高粱，如今都被努尔哈赤烧毁；他们的土地在辽东，被努尔哈赤占领；他们的亲人在辽东，变成了奴隶。

他们有着强烈的反抗努尔哈赤的情绪，如果能够加以利用，打起仗来将是一支很可怕的军队。

为此，到了山海关以后，他立刻开始整编军队。当时山海关有军队七万人，都是前线逃跑回来的，战场上敢逃跑，胆色自然不小，到了安全的山海关，立刻暴露了流氓的本性。军纪？他们的字典里没有这两个字。

不但不遵守军纪，他们还冒领军饷，反正那个时候混乱，谁也不知道谁死了没有，孙承宗仔细检查后发现，7 万人的军队居然领着 10 万人的薪水。

孙承宗立刻开始整顿军纪，他首先抓了一百多个逃跑回来的将军，然后遣散一万多河南等地的士兵。还重新编制，5 人一房，600 房一营，5 营一部。当时一共有三部，士兵 45000 人。

同时他还整编了 7000 人的难民，编制成军队。这些从辽东逃难回来的人对后金有着很深的仇恨，战斗力极强。他把这支军队派往当时最前线的前屯，靠近宁远城。而正常招募回来的辽人士兵就派往宁远守城。

这样，孙承宗就建立了一支山海关以内地人为主，宁远以辽人为主的军队，即使辽人反叛，也不会威胁到山海关的安全。

有了军队，防线就可以建设了。这条防线上，宁远是桥头堡，也是中心。

宁远

防御的核心在宁远，宁远在今天辽宁省的兴城市附近。

为什么选择宁远？

这个地方袁崇焕曾竭力推荐，并且他到了这里以后就和宁远干上了：我这一生要死就死在这里，我哪里也不去，就认准这宁远城了。

而根本的原因是宁远的地理位置极佳。

地理位置决定了这里就是迎战努尔哈赤的最好战场。

宁远在山海关外二百里的地方，处于辽西走廊的中部。锦州与山海关之间，三面环山，一面临海。它的南面是大海，东面是首山，西面是螺峰山。两座山之间仅有一条宽一百米的通道。努尔哈赤如果想进攻山海关，必须经过宁远城，要想经过宁远城，必须从这条路走。

有些人对军事上所谓的必经之地感到不能理解。还有必经之地的说法？我不走还不行？大不了我绕道走。

的确，是可以绕道，比如马奇诺防线，德国人绕过了防线。

但是有些地方，你无法绕过去，比如宁远。

我们说过，这里是辽西走廊，西北面是蔓延几百公里的高山，东南面是渤海。辽西走廊是进入关内的唯一通道，当然，除非你绕过大兴安岭，从蒙古高原往下攻打北京城，而且你绕过宁远也有问题，你绕过去了，宁远的军队难道不会从你背后攻击你？

有人说，宁远不是靠海吗，努尔哈赤从海上打过来不行吗？

的确，敌人会从海上来，但是敌人首先要有海军才行。后金军队没有海军，无法从海上进攻，一百米宽的路是努尔哈赤仅有的通道。

而且你能想到，孙承宗也能想到，他还有拱卫宁远的地方。

海上，距离宁远城 15 里的地方，有一个岛屿，叫做觉华岛。

觉华岛

这个岛屿一向是明军的后勤基地，也是宁远防御的一部分。为什么？

明朝的经济重心在南方，而敌人却在北方，每年都会有大批的物资从南方运送过来。走陆路效率低下，浪费严重，走海路却既快又省。何况明朝的京师在北方，为了维持北京的消费，几百年前的海上运输就非常发达。

这么多年和努尔哈赤交战，靠近前线的觉华岛早就被建成了一个巨大的仓库。明朝人知道努尔哈赤没有海军，所以很放心地把后勤中心建在这个岛上。

袁崇焕敢于死守宁远，大半的原因是因为有了觉华岛，他就可以获得源源不断的粮草、武器、火炮……

光是一个后勤基地还不行，孙承宗还打算把觉华岛建成了一个全能基地，既能提供后勤支持，又能独立地完成进攻或者防守。这样做的目的就是为了拱卫宁远城。

努尔哈赤没有海军，明朝有，这个岛屿，退可以自保，进可以充当奇兵，孙承宗没有理由放弃。

有了觉华岛还不够，现在的人都知道三角形是最稳定的图形，有了宁远城，有了觉华岛，还差一个地方，这样就可以“三点一线”，形成三足鼎立，可以互相支援。

这个地方叫做前屯。

前屯

前屯在宁远的左边（努尔哈赤的右边），是孙承宗规划中“三点一线”的左端点。就当孙承宗以为前屯是一片废墟，特意派人去修建的时候，他惊讶地发现，这里已经修建得非常完善，甚至还有军队上万人。

修建前屯的人叫做赵率教。

这个人很奇怪，因为他曾经逃跑过好几次。

1621 年后金进攻辽阳，赵率教眼看打不过，就逃了。

本来是要处斩的，可是赵大人走了狗屎运，没死，还是当着原来的官。

1622年王化贞丢了广宁逃跑，赵率教也跟着跑。

这就跑到了山海关，长期的逃跑生涯使得赵率教大名远扬，没有几个人不知道这个逃跑将军的。

可能是长久受白眼的日子太难过了，赵率教决心要洗刷自己的耻辱。

等到王在晋来到山海关以后，赵将军作出了一个惊人的决定——他要出关，收复失地。

这个时候的关外兵荒马乱，谁也不知道努尔哈赤什么时候会打过来！

但是谁都知道，关外一直到广宁几百公里的路线上，是没有军队的！因为努尔哈赤即使想占领这条路线，他也没有那么多人。

大家知道那里没有敌人，可也知道那里敌人随时会来，所以大家都不愿意出关，太危险了。

赵率教突然转了性子，他要出关。

出关就出关吧，王在晋心里还是很高兴的，有一个不怕死的人要去闯关东，不管成功还是失败总算是自己手下的人。

可是有两件事让王在晋惊讶不已。

第一是他要收复的地方叫前屯，前屯在宁远附近，谁都知道努尔哈赤是到了宁远的，谁也不知道努尔哈赤是不是走了。你去，找死啊？

第二是他要带的军队只有三十八个人。这三十八个人还不是军队，是他的家丁，当然，家丁比普通军队还厉害一点，可是你三十八个人能干什么事？给人塞牙缝都不够。

可是赵大人居然就找到王在晋提出了这个匪夷所思的要求。而王在晋也不知道哪根神经不对，居然还同意了赵率教的计划，说：你去吧！

赵率教就带着这三十八个人出了关，他的目的地是前屯。可是当他走到前屯不远的地方发现，这里虽没有努尔哈赤，但是有蒙古人，蒙古人占领了前屯。

只有三十八个人的赵率教没有头脑发热冲上去大战一场，他在距离前屯很近的地方——中前所停下来，开始修建防御，收留难民，种田养马，训练军队。

第二年，孙承宗来到辽东，他知道前屯对于宁远防线的重要性，也知道赵率教在那里，他还知道这个赵将军当时去的时候只有三十八个人，他以为现在的赵将军过的是原始人一样的生活，于是就派了七千难民过去帮助赵率教。

这七千难民一到，赵率教的实力增加了不知道多少倍，他立马跑到前屯把蒙古人赶走，然后又开始修建防御，收留难民，强壮的当兵，老弱的种田养马，干得热火朝天。

孙承宗虽然派了七千人过去，却一直放心不下前屯，于是亲自跑去看，不看不知道，一看吓一跳。

这里已经成为了一个坚固的军事堡垒，堡垒后面是成片的农田，堡垒上站着无数的士兵。

他赶忙把赵率教找来汇报工作。

赵率教回答道：我这里现在有流民六万，军队一万，武器粮食很充足。

原本还在苦思冥想该怎么守住前屯的孙承宗高兴得胡子都翘起来了。

他一高兴，把自己来的时候坐的轿子送给了赵率教，骑马回了山海关。

这样，很早就修好的觉华岛和刚刚修好的前屯加上还没有开始修建的宁远城，孙承宗完成了他第一步防御计划的核心：关宁防线。

这个防线的最前线是三个互为犄角的据点：前屯、宁远、觉华岛。

只有这三个据点还不足以阻挡努尔哈赤，防御体系也不能只是一条横线，还要有纵线，沿着狭窄的辽西走廊，孙承宗布置了大量的工事和武器。

等到第三年宁远工事彻底建好之后，关宁防线全线竣工。

这个防线是一个“丁”字形的防线。

前屯、宁远、觉华岛就是最上面的一横。宁远就是横线与竖线的交会点。竖线就是沿着辽西走廊布置的一系列防御工事，竖线的最下端，就是永远不能丢失的山海关。

宁远城与关锦防线

关宁防线的核心在宁远，所以宁远的修筑最为重要，因此当其他的据点都相继完工之后，这个地方还在加紧建设。

1622年，努尔哈赤曾经到过这个地方，但是对于这个三面环山，一面靠海的地方，努尔哈赤丝毫不感兴趣。明朝有海军，即使他占领了宁远，也会受到无休止的骚扰。而且这个时候努尔哈赤的后金国危机很深，他要赶快回去镇压骚乱，所以，到了这里，努尔哈赤打马回府了。

宁远对努尔哈赤可能是个鸡肋，但是对于明朝，这个地方是绝对的关键。不然袁崇焕也不会对这个地方死心塌地。

1623年（明天启三年），孙承宗到了山海关以后，马上派祖大寿前去修筑宁远城。派他去，是因为祖大寿就是宁远人。

祖大寿，名人吴三桂的大舅，和他外甥一样投降了清朝，不过他先后投降了两次。广宁之战中作为中军统帅和汉奸孙得功一起率军营救西平堡。

王化贞跑进关内，祖大寿也跑了，他是地头蛇，有很多地方可以跑，他来到了觉华岛。

孙承宗命令祖大寿去修建宁远城，可是祖大寿认为这个宁远城根本守不住，修筑只是浪费物资和粮食，所以他一直拖延工期。一年以后，孙承宗派袁崇焕前去视察，发现修了一年才修建了一个城门。

袁崇焕非常不满，于是就向孙承宗反映。孙承宗知道以后很生气，立刻撤换了祖大寿的修城职责，转而让袁崇焕全权负责。

同时，孙承宗还给袁崇焕派来了几个助手。

祖大寿是一个，他虽然修城不积极，但是这个人还是很有本事，日后我们才会了解他的本领。

还有一个叫做满桂，他是蒙古人，很小的时候就到了明朝，也差不多算是加入了明朝国籍。这个人作战很勇敢，每次打仗都砍下来很多敌人的头，明朝规定砍下来一个人头升一级官，或者不升官，奖励白银五十两。

满桂或许是比较穷，或许就是喜欢钱，他从来不要求升官，只要钱。这么多年下来，很可能是个小小的百万富翁了。

很可惜满桂不了解汉人的习惯，现在大家都知道有钱不一定有权，但是有权就一定有钱。不然的话，他满桂现在一定是有权又有钱，横着走路都行。

满桂不了解，所以他一直是个很小的官。萨尔浒大败之后，明朝高级军官死伤无数，明政府只好提拔新人，满桂才算是升了官，专门守卫长城的喜峰口。这是一个极重要的地方，抗战时期著名的长城抗战就发生在这个地方，由此可见满桂的实力。

孙承宗管理北京以东的一切事情，满桂守着喜峰口，也是孙大人的属下。新上司上任，属下都要来汇报工作，满桂也来了。

满桂和孙承宗一见如故，相逢恨晚，满桂长得胡子邋遢，孙承宗也是满脸大胡子，满桂一直混迹在边关，孙承宗年轻的时候也是常年在边关生活……

一句话，我很看好你哦！

于是，满桂就没有回喜峰口，而是留在了山海关，成为孙承宗手下中军的统领，这是山海关守军的主力。而且由于满桂是蒙古人，他还亲自前往蒙古部落进行谈判，使得这段时间蒙古部落和明朝的关系很融洽，孙承宗的防御计划才得以顺利地实施。

满桂没有因为升官而改变性格，他依旧和士兵同甘共苦，一起训练。等到第二年，孙承宗让袁崇焕负责修建宁远城的时候，询问袁崇焕需要找哪些人帮忙，袁崇焕就说，我希望满桂能过去帮我，但是我知道满桂是大人您的心腹，担心您不同意。

孙承宗同意了，山海关的安危系于宁远，宁远安全了，山海关自然不会出现问题，于是满桂就跟着袁崇焕来到了宁远。

袁崇焕对宁远有至死不渝的感情，满桂是个实在人，两个人花了一年时间把宁远城修建得滴水不漏。到1624年（明天启四年）的时候，宁远城的防御竣工。

随着宁远城的竣工，孙承宗从山海关调集大量的武器、军队、火炮前往宁远守城。同时由于这段时间东北局势相对稳定，大批难民逐渐定居，土地得到开垦，兵源有了保证。等到袁崇焕修好了宁远的时候，整个关宁防线就彻底完工了。

两年内，孙承宗的成绩非常耀眼。

恢复了中前所、前屯卫等城堡四十七座；招募辽兵三万，训练弓弩手五万名，火铳手六百名；打造兵船一千五百艘，兵车六万，马、牛、器械、盔甲、火器，总计资金达百余万；安置辽民三十万，官兵屯田五千余顷；屯田得银两十五万，盐利银三万四千多两，军卒采集青草，节省马草、马料十八万两。

1625年（明天启五年），随着关宁防线的巩固，孙承宗开始了自己的逐步蚕食计划，他决定以宁远为中心，再向前推出二百里到锦州。

锦州位于辽西走廊的最东部，是关外进入关内的必经之地。

解放战争时期，辽沈战役最先发起的地点就在锦州，解放军占领了锦州，国民党军队除了从海上走之外，没有其他的道路可逃。

后金没有海军，除了在陆地上死磕锦州以外，没有其他的办法。

这样加上宁远与山海关的二百里地，一共形成了一道长达四百里的坚固防线。历史上把这条防线称作为关宁锦防线，或者叫做“关锦防线”。

这条防线是孙承宗老先生一生最得意的作品，即使孙老先生日后被炒鱿鱼，这条防线还是坚不可摧。事实上，明朝灭亡了，这条防线还在。

努尔哈赤打不过，他的儿子代善打不过，他的另外一个儿子皇太极也打不过。

因为，这条防线只有一条路可以走，就是攻破锦州。沿着辽西走廊前进200里，埋着无数的地雷和陷马坑，然后是宁远、前屯、觉华岛，再攻破，然后再走200里的辽西走廊，这里还是埋着无数的地雷和陷马坑，然后才会见到山海关。

大多数人都会感到绝望。

不绝望的，走过之后，打过之后，也会绝望。

高第只能逃跑

但是最先绝望的不是努尔哈赤，不是代善，不是皇太极，而是孙承宗。

这位已经62岁高龄的老人，他的毕生心血，完全倾注在辽西走廊的四百里防线上。

他知道，他的这条防线，只要还有人防守，便足以保证大明朝几十年甚至上百年的安宁。他知道，有了这条防线，他已经尽到了一个皇帝的老师应尽的责任。他在自己的晚年送给他的弟子天启皇帝一件刀枪不入的盔甲。

但是他不知道，即使是他这样身居如此高位的大官，也会被一群小人击败。击败他的不是对面的努尔哈赤，而是在皇帝身边的一群太监。

该死的阉人！

内阁大学士，当今皇帝的老师，辽东经略使，孙承宗的每一个官职都足以让任何人震撼。

有的人羡慕，有的人敬佩，有的人嫉妒，而有的人则是嫉恨。

嫉恨的人就是魏忠贤！

魏公公高居中国历代太监排行榜第一位！他自称“九千岁”，表示自己只比皇帝小一点点儿。既然只比皇帝小一点点，自然比其他的人都要高一点点，其他的人当然都要听魏公公的话。

跟着魏公公的首先当然都是太监，大家的性别一样，有共同语言。这叫阉党。当然，阉党不仅仅只有太监，还有很多非太监人士。

魏公公想把持国政，就要打击不听话的，拉拢听话的。

打击的对象是东林党，孙承宗就是东林党人。

这中间过程很复杂，钩心斗角，鸡鸣狗盗，尔虞我诈，全是一些见不得人的事情。反正结果是东林党被打败了。阉党执政，这可不是现在的两党制国家，竞选失败下一次接着来。明朝的党争，谁失败了，谁就死得很惨。

现在很多观点同情东林党，说要是东林党在就怎么怎么样，结果阉党赢了，才怎么怎么样。

的确，阉党赢了，所以才怎么怎么样。但是，东林党赢了，也不一定就能怎么怎么样。

东林党是要求坚持皇权，减轻赋税，镇压腐败。可是，这些都只是说说而已，具体到行动上，没有几个能落实的。

就拿首辅叶向高来说，他是东林党的头头，他一开始支持杨镐，后来支持王化贞，可结果如何？

我们只能说，东林党和阉党斗争，只是一场政治圈的你死我活罢了，输赢和正义没有关系，和能力也没有关系，只和权力有关系。

打倒了东林党，还剩下一个人。

这个人是谁？孙承宗。

内阁大学士，皇帝的老师，辽东经略使，手下十万军队……

任何一个官位，魏公公都眼馋。但是，孙承宗不喜欢魏公公，换句话说，但凡稍微有些性格的人，都不会喜欢太监。况且，自己的东林党还被魏公公整死了。

拉拢不成，自然就剩下铲除了。

肯定一个人需要千万个理由，但是否定一个人只需要一个理由。

这个时候，东北发生了一件事，使得魏忠贤有了借口。

1625 年 8 月（天启五年），总兵马世龙得到一个消息，说耀州这个地方，皇太极只带了四百个兵在巡逻。马世龙想趁机杀死皇太极，于是派兵袭击耀州，没想到这个消息是个假的，马世龙的军队在柳河遭到伏击，死亡数百人。这叫做“柳河事件”。

阉党借机找到了借口，立刻开始攻击孙承宗的防御体系完全无效，而且辽东军队全都不堪一击。

东林党下台，能够帮助孙承宗说话的人已经很少。天启皇帝最担心的事情还是发生了，他虽然很信任自己的老师，可是如果大家全部都投不信任票，天启皇帝还能怎么样呢？

孙承宗知道自己的学生处境艰难，就主动递交了辞职信。天启皇帝无可奈何，只能同意了孙老师的辞职。十月，孙承宗返回关内，回到了自己的老家。

接替孙承宗的人叫做高第，阉党成员。

高第这个人，《明史》里面他的传一共 48 个字，加上后来的标点 60 个字。

虽然字少，但是人物形象很丰满。这里面有两句话很有意思。

第一个是“以恇怯劾罢去”，因为胆小被罢官；第二个是“第窜免”，高第趁乱跑了，没有死。

第一句话说的是他当了短命的两个月的辽东经略使，因为胆小被炒了。

第二句话说的是清军入关，把他老家攻破了，他趁乱逃走，没死。

这两句话有一个共同点：这个人胆小，非常胆小。

胆小还敢来辽东？

不是他想来，他没有办法，这个时候他是那个倒霉的兵部尚书。国防部长不去前线，谁去前线？

高第只好去了。

但是留给高第的选择并不多。

他的上任只是因为形势的逼迫。阉党否认了孙承宗的成果，所以高第上任，不管他有多么好的计划，他都只能有一个选择：走孙承宗的反方向。

这不是正确不正确的问题，这是原则问题。

如果高第到了辽东，一切都和孙承宗的时候一个样子，一步一步地推进，那当初为什么要罢免孙承宗？

所以摆在高第面前的路只有两条：一是集结军队，进攻后金；二是集结军队，撤回关内。

高第很胆小，他没得选择，所以他决定撤退。

从哪里开始撤是个问题。这个时候关锦防线已经建成，最前线的地方已经到了锦州前沿的大凌河。高第作出了决定，就从最前线开始撤，全部撤回山海关。这样，即使后金打过来，他也来得及跑。

怎么撤也是一个问题。高第下命令，前线所有的军队、居民、牲畜，能搬走的，能推着走的，全部都撤回去。

孙承宗辛苦地花了三年时间建立起来的不破堡垒就这样自己破碎了。

四十七个据点，四百里防线，十万军队，三十万平民，说走就全走了。

辽人灾难深重，1622 年熊廷弼烧过一次，这里不长草。好不容易在废墟上重建了家园，1625 年，又要烧光，又要不长草。

当高第骑马跑到一个地方的时候，他遇到了一个硬骨头，这个人说，我不走。

袁崇焕不怕死

这个地方是宁远城，这个不怕死的人是袁崇焕。

跟袁崇焕一起留下来的还有前屯的守将赵率教，这个以前的逃跑大王如今已经洗心革面。

袁崇焕，以前接触过，现在详细介绍一下。

广东东莞人，现在的好地方，明朝的时候是个穷乡僻壤，袁崇焕考上进士，说不定是东莞几十年才出的一个杰出青年。

打小，他就是一个军事爱好者，为人慷慨、胆大。有一点和孙承宗很像，他喜欢向一些退伍的老兵询问边塞的事情，因此对边疆的形势比较了解。他常常对人说我的未来在边疆。

1622 年（明天启二年），袁崇焕进京述职时认识了一个御史，这个御史认为他和一般的读书人不一样，通晓军事，就提议让他担任兵部职方主事（档案处主任），这是一个闲差，平时没多少事。

这个时候，刚好王化贞在广宁打了败仗，朝廷上下都在议论是不是应该退守山海关。袁崇焕干脆一个人骑着马晃晃悠悠地跑到山海关，把关内外的情况考察了一遍才回来。

袁崇焕好多天不上班，兵部就派人去他家里询问，结果他家里人也不知道他去了哪里。

袁崇焕旷工去了一趟关外，回来以后就写了一份报告递了上去。

本来你一个小小的档案主任写的报告谁看啊，可是袁崇焕的报告不一样，这是一封推荐信，他推荐自己去守关外。

这封信首先分析了山海关的形势，最后说：只要朝廷给我军马钱谷，我一个人就能守住。

这个时候的明朝廷，就是不知道派谁去送死，刚好有一个不怕死的自己送上门来了。管你前面说的形势对还是不对，等的是你最后的话。

准！

朝廷立刻升了袁崇焕的官，让他在王在晋手下当佥事（副将），拨给他 20 万两黄金的军费，让他去关外防守。

王在晋也听说了这个不怕死的档案处主任，对他很重视。但是王在晋的热脸贴了袁崇焕的冷屁股。

王在晋要建八里铺，袁崇焕反对；王在晋让袁崇焕去建八里铺，袁崇焕不去，不但不去，还向上级打了小报告，说王大人的计划是个豆腐渣工程。

这个小报告引来了一条大鱼——孙承宗。

孙承宗一到，袁崇焕立刻开始跟在他屁股后面，一个劲地说宁远城多么多么重要，一定要守住。

他说：给我五千人就能守住，宁远距离山海关二百里，往前可以占据锦州，即使不能前进也可以守住，为什么把十万军队全部放在山海关这个地方？

1623 年（明天启三年），孙承宗决定守卫宁远，袁崇焕当仁不让地成为守城人选。和他一起去的还有前文提到的满桂。

袁崇焕尽心尽力地修筑宁远城，还把防线扩展到锦州，这个时候，高第来了，他大手一挥说了一个字：撤。大家伙就全散了。

但是袁崇焕没有撤，在面对高第的时候，他说了一段话。

他说："我宁前道也，官此当死此，我必不去。"

白话文是"我是宁远的守将，在这个地方当官，就要在这个地方死亡，我一定不会撤退"。

与他并肩战斗的还有赵率教、满桂、祖大寿、何可刚。

高第撤退的时候是 1623 年的 11 月，此时已经进入冬季。

袁崇焕知道高第的撤退让自己的宁远城变成一座孤城，除了据城死守，他没有其他选择。而且他也知道，高第一撤退，努尔哈赤就会尾随而来，冬天的后金军队战斗力更强大，而且他们缺的粮食可以从明朝这里抢。

果然努尔哈赤已经杀过来了。

袁崇焕立刻开始布置死守。

宁远的武器早就已经准备就绪，差的只是一些细节问题。

首先要增强军队凝聚力。高第的撤退让城内的士兵、居民人心惶惶。为了增强守城军民的士气，袁崇焕集合全部士兵，亲自向他们跪下，说：我们已经没有援军，有的只是我们自己，所以如果我们自己都不能拯救自己，谁还会来拯救我们？说完把自己的手臂割破，写下血书，杀牛祭天，表示要和宁远共存亡。

其次是坚壁清野。你努尔哈赤不是专门抢东西吗？我把城外的东西全搬到城里来。不能搬的，像房子之类的，全烧了。你努尔哈赤的军队来了，不但没住的地方、没吃的东西，连能够掩护的障碍都没有。这么冷的天，你努尔哈赤的军队没有地方隐藏，站在路边上做冰雕啊？

再次是动员平民守城。宁远的军队只有一万人，但是居民人数不少，反正宁远有海上的补给，不怕人多，就怕人少。袁崇焕动员当地的平民带上武器前来守城。

最后是分配军队任务。袁崇焕知道努尔哈赤喜欢搞间谍，他派人组织一支部队，专门搜索间谍。还组织一支部队专门负责战场宣传。他还特别警告前屯守将赵率教，要封锁士兵后退的道路，只要发现有人逃走，立刻杀死。

袁崇焕在一切准备就绪以后，对全城的人说：如果大家能够死守宁远，我袁崇焕日后做牛做马也会报答大家！

话说完，努尔哈赤来了。

努尔哈赤来了

从努尔哈赤在宁远往回走到现在，已经有三年时间。在这三年里，他并不是没有尝试过攻打明朝。他想探听一下明朝正在修建的关锦防线的虚实，于是在锦州刚建好的时候，他让他的儿子代善带兵去攻打，结果大败于明朝军队，狼狈地跑回来。

受到教训的努尔哈赤乖了不少，一直没有大规模地进攻明朝，没办法，那锦州太坚固了，打不下来。

但是1623年的下半年，正在为准备过冬的粮食发愁的努尔哈赤得到了一个好消息：明朝的那个和自己差不多大的老家伙孙承宗被明朝的皇帝炒鱿鱼，回家钓鱼去了。

努尔哈赤很爽，没有了这个老姜，他攻打锦州的压力会小不少。

可是，这还不是最好的消息，随后又传来一个幸福的消息，这个巨大的幸福差点让努尔哈赤晕过去。

这个消息就是接替孙老头的高第居然从锦州撤退了。不但是锦州，几百里的关锦防线全都撤退得一干二净。

努尔哈赤一开始还不敢相信这个天上掉下的大馅饼，他专门派人去察看，察看的人回来说，的确走的一个人都不剩，有好些地方还有没搬走的粮食。

努尔哈赤正在为当初没有占据锦州后悔得肠子都青了。

曾经有一个很好的城市摆在他面前，他没有珍惜，直到失去之后他才追悔莫及，这次上天再给他一次机会，他已经决定对这个城市说五个字“我要占有你”，如果一定要在这段承诺前加上一个期限，他希望是一万年。

他立刻下令，十万军队立刻集合，目标：山海关。

果然和情报所说的一样，努尔哈赤的军队很轻松地就越过了大凌河，越过了锦州。一路上，除了遇到几只野兔和几个没跑掉的明朝士兵以外，他的军队连个活的生物都没有见到。

1624 年，正月二十三日，努尔哈赤带领大军来到了宁远城，让努尔哈赤感到意外的是，这个孤城居然还有军队在防守。

努尔哈赤感到很好奇，自从他起兵以来，除了在锦州曾经碰了一鼻子灰以外，谁能够阻挡他的脚步？而且是在这么一个孤城。

努尔哈赤找来一个半路抓到的明朝士兵过来问话。

“你们是不是全撤了啊？”

“是啊，不是，听说有一个人没有撤，叫做什么袁崇焕的。”

袁崇焕？努尔哈赤把自己的大脑扫描了几遍，也没找到这个人的资料。哪里冒出来的野小子，敢挡我努尔哈赤的路？

虽然没有听说过这么个人，但是按照努尔哈赤的习惯，他还是派出了使者去劝降。信里很狂妄地说道：我率领三十万大军，你赶快出来投降。我还给你官做，不然就别怪我不客气了。

袁崇焕当然不会投降，他回信道：这个地方是你不要的，现在既然我都已经修建了宁远城，你用脚底板想一想也知道我不会投降。况且你说的三十万大军不过十三万而已。不过我袁崇焕不嫌少。你就放马过来吧！

不投降？那你就死定了！努尔哈赤一生战斗无数，萨尔浒一战击败十二万明军，如今哪里会把一个不知名的将领放在眼里，况且，守城的不过一万人。

努尔哈赤手一挥，攻城！

二十四日中午，袁崇焕正和路过的朝鲜官员闲谈，部下来报，后金军队准备攻城。袁崇焕带着这个朝鲜官员一起登上城楼，谈笑风生。顷刻之间，炮声巨响，震动天地。

袁崇焕笑着说：敌人已经来了。说完之后半天没听到动静，回头一看，那个朝鲜官员已经嘴唇发白，快要晕倒了。

攻城战开始。

在古代，没有空军，没有榴弹炮，没有导弹，想要进城，就必须突破城墙，所以攻城是各种战斗类型中最残忍的一种，特别是面对那种高大坚固的城墙，如果城内补给充足的话，攻城一方会经历无数士兵死亡的痛苦。

由于攻城都是发生在一些关键的城市，所以不管是进攻方还是防守方，都费尽心机发明各种各样的办法来进攻以及防守。

什么云梯啊，投石机啊，冲车啊。反正就是不管死多少人，必须要占领城墙或者攻破城门。即使用尸体堆出一个梯子，也在所不惜。

至于人命，此时就如同一根野草！

后金攻打了很多明朝的城市，也发明了不少攻城的武器和战术。

当然不是步兵或者骑兵冲到城下拿刀去砍城墙。冲在最前面的是几个浑身都穿着厚厚装甲的重装步兵，这几个步兵的任务是推着一辆车往前冲。这种车用槐树或者榆树做成，有点像现在的装甲车，上面覆盖着好几层浸过水的牛皮，底下藏着几个拿着大锤的士兵，这种车，火烧不着，箭射不穿，等到把车推到城下，车下面的士兵就可以锤城墙了。

等到守城的军队注意力全部放在如何消灭正在锤墙的敌人的时候，第二波军队上阵，这是弓箭手。因为如果要攻击城墙下的敌人，守城的士兵一定要把身子探出城楼，这就给了弓箭手机会。

如果守城的人转移视线，攻击弓箭手，弓箭手立刻撤退。

这样，几个回合下来，一般的城墙都会被攻破。

然后就是骑兵出场。

努尔哈赤的精锐就是骑兵，城墙被攻破，骑兵一上阵，比赛基本上就结束了。

努尔哈赤想故技重施，但是他这一次却打错了算盘。

攻城比赛一开始完全按照努尔哈赤的节奏进行，首先集中攻击的是城墙的西南角。

先是很多辆车冲到城下，铆足了劲锤城墙，然后等着城墙上的士兵探出身子来以后，弓箭手上阵。

不过这一次弓箭手上阵，却完全失败了。

因为明朝人有了一种新式武器，这种武器叫做“红夷大炮”。

明朝人不缺少火炮，自己也能造，元朝的时候国产火炮就有了雏形，当时叫做“火铳”，这种火炮比较原始，基本上属于一次性产品。

“火铳”很多都是铜铸造的，中国技术不过关，不能用铁，因为密度不够。但是一来铜很贵，因为它是铸造钱币的材料；二来铜很容易变形，火炮发射一次会产生高温，铜不耐高温，容易变形，打几炮基本上就报废了。所以我们说萨尔浒之战明军的火炮其实作用不大。

不过，最近几年，明朝从荷兰人手中搞到了一种新的火炮，明朝称荷兰人“红夷”，所以这种炮就叫做“红夷大炮”，也就是后来的“红衣大炮”。

这种火炮，完全由铁铸造，炮筒长，炮身厚，射程远，最关键的一点是，随这种炮而来的是新型的炮弹——开花弹。

以前明朝的炮弹是铁弹、石弹和铅弹，这种炮弹杀伤人主要靠砸，对于坚固的东西效果不好。但是现在有了开花弹，就可以炸出弹片，杀伤面积和杀伤效果成几何级上升。

而且，袁崇焕很阴险，他还有两个损招：

第一个损招是他一开始用的还是过去的火铳，显得一副无可奈何的模样，然后等到努尔哈赤的弓箭手甚至是骑兵集合准备攻城的时候，他的“红夷大炮”才开始准备。

第二个损招是当努尔哈赤的“锤子兵”使劲地锤墙的时候，袁崇焕用了一个比较新型的玩意儿，他建了一个长长的木箱子，里面装着带武器的士兵，然后把这箱子放在城墙上，推一半出去，另一半派人固定住。这些木箱子像是空中楼阁一般悬在半空，悬在半空的士兵可以看见城墙脚上锤墙的敌军，然后放箭开始攻击。

事实上，这种木箱子攻击锤子兵的效果不好，因为人家上面有牛皮盖着，尽管这些牛皮都跟刺猬一样扎满了箭，但底下的人一点儿事也没有。

不过，放箭不是袁崇焕造这些木箱子的目的，他的目的在后面。

当锤子兵的努力使得城墙开始出现裂痕的时候，努尔哈赤的弓箭手和骑兵开始集合。当后金部队越来越集中的时候，“红夷大炮”第一次向世人揭开了它神秘而残酷的面纱。

努尔哈赤等的就是锤子兵的成果，见到城墙出现了缝隙，他的部队立刻开始冲刺，然而等待他部队的是来自万里之外的武器，这个武器让努尔哈赤梦中都会惊醒。

一尊尊火炮吐出了火舌，无数的开花弹落在了后金的马队里，这些炮弹碎裂成无数的弹片，然后努尔哈赤的骑兵和战马就一个个地倒下，而他的弓箭手也被受惊的战马踩成了烂泥。骑兵还没有到城墙下就已经死伤无数。

努尔哈赤惊呆了，他何曾见到过这种威猛的武器，眼看自己的士兵一个一个地倒下，他的心开始滴血。他第一次有了撤退的打算，但是这只是打算，因为他看到城墙下的那些“锤子兵”还安然无恙地奋力锤墙，而城墙已经有了大洞。

不能放弃，他立刻派上了更多的“锤子兵”，他决定，即使代价再沉重，他也要一鼓作气拿下宁远城。

但是，局势已经不在他的掌握之中，袁崇焕的木箱子开始了它的真正使命，箱子里面的士兵收起了弓箭，拿出了蘸上柴油的木头、棉花，裹上火药，用铁链系上，然后送到城下锤子兵上面的车上，点火。

后金攻城车上的牛皮沾了水？用火烤干。

这些攻城车纷纷起火，爆炸，锤子兵没有了保护，几乎全军覆没。

没有了锤子兵，后金的骑兵只能呆呆地看着城墙，然后你看我，我看你，再最后看一眼这个地球，随后被火炮炸死。

努尔哈赤的第一次进攻算是彻底被打惨了。这一场攻城战从中午一直持续到深夜，后金军队的尸体在城下堆积如山。

努尔哈赤被迫撤退。

努尔哈赤也不怕死

努尔哈赤不是怕死的人，当年他仅有十三副盔甲都可以雄赳赳地去攻城，何况现在的他手中还有十万精锐的八旗士兵，更何况现在自己不用冲到最前面送死。

虽然这一次被迫撤退，那是因为他没有料到明朝突然间多了那个莫名其妙的武器和那种怪异的打法，所以吃了大亏。

这不代表努尔哈赤会放弃，况且，他也知道，别看宁远城的袁崇焕嚣张得很，但是越嚣张的人越没有底气。

兵法里面曾经说过一句话，文言文不记得了。

白话文的意思是这样的：一支军队，如果外面看起来病恹恹的，无精打采的，那么这支军队的战斗力就很强。如果一支军队外面看起来精力饱满，兵强马壮，往往这支军队是装样子的。

当然，中国的兵法都是针对某些战争的经验，而不是普遍理论。所以如果对面的军队的确是个软柿子，你还一定认为那是装出来的，那就是白痴一个了。

努尔哈赤知道第一天的袁崇焕威武得很，军队显示出旺盛的生命力，其实没多少积蓄。宁远城不就那么一点兵，不就那么点人么。自己虽然死的人多，但是袁崇焕死的人也不少，不然也不会用那种不要命的打法。

就是耗，也能把你的人给耗光。

这句话，我们似乎在哪里听过，好像以前的杨镐就抱有这么一种思想，我人多，我耗死你。

努尔哈赤咽不下这口气，他也准备采用人海战术。

二十五日一早，后金的军队再次无畏地冲上去。

努尔哈赤的猜测是对的，第一天的进攻已经使得袁崇焕耗掉了大半的能量。

城墙被锤开了三四个数米高的大洞，士兵也死伤惨重，武器可以从觉华岛上运，衣服也可以运，但是人从哪里来？城墙从哪里来？

而且袁崇焕自己也受伤不浅。虽然他已经怀有必死的信念，但是愿意死不代表想死，谁都想活下来，然后打败对手。

火炮虽然犀利，可是自己只有那么几十门。

第二天努尔哈赤打过来，自己拿什么去补城墙，怎么去杀敌？这个时候，有个人拿出了两个绝妙的办法。

这个人是宁远通判（相当于县长兼法院院长兼检察院院长）金启倧。

第二天，后金军队又一次冲过来。

当他们冲到城墙下面的时候，发现，地上有很多的棉被。

袁崇焕原本实行的就是“坚壁清野”，后金人又没有后勤，当时正是寒冬季节，这群后金人早就冻的不行了，看到这些丢在地上的棉被，就纷纷去捡。

他们没有心情去思考这是不是明朝人的把戏，而且他们也没有那个能力去思考这会不会是一个陷阱。因为他们以前面对的敌人都没有要过什么计谋。

天上不会掉下馅饼！地上不会长出棉被！

这些棉被，外面铺着稻草，里面裹着炸药。

这是通判金启倧的第一个办法。这个发明创造叫做“万人敌”，是最早的燃烧弹的雏形。

努尔哈赤曾经的五大臣之一费英东也叫做万人敌。这个时候费英东已经死了，而新的“万人敌”横空出世。

明军等的就是后金人去捡。他们拿出了弓箭，射出的是火箭。

着火的“万人敌”就像燃烧的死神，大批大批的后金战士倒下。

这个时候的努尔哈赤已经不再考虑部队的伤亡，他的马刀始终高高举起，而他的部队也只有努力向前。

一步一个血印，后金军队总算到了城墙下面，而面前的城墙，再一次让后金人感到绝望。

第一天的大洞都被修好，而且所有的城墙还加了一层铠甲。

这个铠甲是冰！

寒冷的东北，滴水成冰。

这是通判金启倧的第二个办法。

他让士兵把城墙上都洒上水，瞬间城墙上都结了一层厚厚的冰。

被撞出洞的城墙，先用稀泥糊上，然后再洒上水，冻土的坚固甚至比砖块石头还要坚固，因为寒冷，砖块石头很脆，而泥土却不用担心。

无数的后金士兵，用刀砍，用斧头劈，甚至用手抠，用脚踢，宁远城墙固若金汤。而城墙上的“红夷大炮”依然在不断地发射。

这是一次惨烈的自杀式进攻。看着身边的人无谓地死亡，后金人终于感觉到了恐惧。

从他们起兵开始，他们从来没有恐惧过，他们的心里，只有粮食，只有衣服，只有金银，只有女人，没有恐惧。

但是，在宁远城下，他们终于暴露了他们的弱点，他们也怕死。

他们打仗，是为了抢东西，他们的信念就是抢劫。

但是抢劫不代表用性命去抢，以前死的人少，所以死的人的意见自然被直接省略，但是这一次死的人多，为了这么个破城，搭上自己的性命，太不划算。

所以，他们不攻了，废话，谁家里都有老婆孩子，还有十几个汉人奴隶，几十亩的土地，他们舍不得。

于是“其酋长持刀驱兵，仅至城下而返”，后金的军官们拿着刀逼迫军队往前走，可是一走到城下，就全部往回跑。

往回跑不是个事啊，你要有借口，所以往回跑的士兵每个人都抱着一具尸体，也不管是自己人还是明朝人，扛着一个就往回走。

扛回去的尸体，全部就地烧毁，可能是怕污染环境，嗯，这个努尔哈赤环保意识不错。

眼看自己的军队不敢往前走，努尔哈赤急了，他一着急，干脆把指挥所搬到了前线，亲自指挥战斗。

董事长来了，后金的军队不敢不上，全都发疯了似的狂攻。

宁远城只有一万军队，而后金却有十三万人。人多的确力量大。宁远城也不是铜墙铁壁，袁崇焕也已经是强弩之末。

眼看努尔哈赤即将胜利、袁崇焕即将殉国的时候。城墙上某一尊大炮，发射了某一颗炮弹，这某一颗炮弹击中了某一个人。

在这血肉横飞的战场上，被炮弹击中的、被弹片击中的人成千上万，死去的也成千上万，击中某一个人有什么好提的？

本来没什么大不了，关键是这某一个人恰好是那一个人。

哪一个人？

后金国大汗努尔哈赤。

关于这一炮击中的是不是努尔哈赤，历史上纠缠不休。

清朝人自然是不好意思说的，他们能说他们的祖师爷被一个炮弹击中然后死了？当然不能。

明朝人自然要夸大战功。死了一个人可以说死了十个，死了十个可以说死了一百个，反正战场上谁也不知道到底死了多少，报上去的数字越大，功劳就越大。

清朝人干脆没有记载。

明朝人虽然有很多记载，但是说得很隐晦，比较详细的记载是这样说的："炮过处，打死北骑无算，并及黄龙幕，伤一裨王。北骑谓出兵不利，以皮革裹尸，号哭奔去。"就是"宁远大炮炸死的后金军队不计其数，有一炮还击中了绣着黄龙的帐篷，击伤了一个大人物。后金人认为出师不利，拿毛皮把死去的士兵裹着，大哭着跑回家了。"

反而是在宁远的那个朝鲜官员日后回忆说，当时的努尔哈赤受了重伤。

怎么受的伤？只能是火炮。

不过不管是不是努尔哈赤受了伤，也不管伤得严重不严重。这场攻城战，努尔哈赤是彻底失败了。

这是一场拼消耗的战争，谁坚持的时间长，谁的决心够狠，谁就能赢。

努尔哈赤的失败就是输在了他一直以来的强项上：狠。

不是他狠不起来，而是他的部队已经狠不起来了。一直以来，他的部队都是为了生存而战斗，为了抢劫财富而战斗。但是攻打宁远的战斗中，他的部队没有看到生存，只看到死亡，没有看到财富，只看到裹了炸药的棉被和空荡荡的地面。

而袁崇焕则和努尔哈赤掉换了位置，以前的明朝军队为了军饷而战斗，宁远的明朝军队则是为了生存和仇恨而战斗。

这是一座孤城，没有援军，要想活命，必须击败对手。这里面的军队都是从辽东逃难回来的人，他们对努尔哈赤有着刻骨的仇恨。

当我们明白了这一点，就会知道，即使努尔哈赤没有受伤，战斗的结果也很难让他满意。

不仅这一次的战斗结果很难让努尔哈赤满意，他的儿子皇太极来到这里，也依旧夹着尾巴跑了。我们从这里可以很清楚地看到一件事：一个人一旦有了斗志就可以无坚不摧，特别是当这关系到生存和生命。

我们可以把视线转移到祖国的西部边陲，和祖国接壤的有一个灾难深重的国家——阿富汗。这个国家因为地理位置的重要，历史上遭受过无数次的侵略，可是它没有一次被长期的占领过，即使强大如苏联，强大如美国，也没有能够做到。

觉华岛的屠杀

对于上述战役的结果，努尔哈赤的确不满意，所以当他身受重伤（或者是装出来的伤，为了掩饰失败）大撤退的时候，为了表示自己的存在，挽回一点儿颜面，他派遣军队进攻了身为宁远后勤基地的觉华岛。

等等，觉华岛不是在海上吗？后金不是没有海军吗？他们怎么上的岛？

是的，觉华岛在海上，后金也没有海军，但是我们是否想起了宁远城墙上的冰层？能够一夜之间在城墙上结成厚厚的冰层，可见当时的天气是何等寒冷。

说起来，气候变暖还是很有好处的，至少，如果天气变暖，渤海的海面就不会结冰，后金就无法进攻觉华岛。

在宁远城下的失败使得努尔哈赤无比愤怒，他的矛头立刻指向了不远处的觉华岛。二十五日的夜晚，努尔哈赤开始转移军队，除留下一部分继续攻城以外，大军已经逼近觉华岛。

宁远是一座城市，而觉华岛只是一座岛屿。明朝人没有想到后金能够从海上过来，所以他们没有修建任何的防御工事，而且他们都是步兵。

于是，当努尔哈赤的骑兵踏过冰面登上觉华岛的时候，他们的面前是7000 名毫无准备的明军和 7000 名手无寸铁的平民。

这才是一场屠杀，斩草除根，14000 个生命倒在马刀之下。

粮料 8 万余石和船 2000 余艘都被后金军焚烧，后勤基地被摧毁。

后金总算是挽回了一点儿颜面。

得到努尔哈赤撤退的消息以后，袁崇焕又出了一个阴招，他派人去送信，信里面说：你这个老家伙横行天下，今天输给我这么个无名小卒，真是苍天有眼啊。

努尔哈赤表现得很镇定，还送了一匹马给袁崇焕，表示要约个时间再打。

袁崇焕打了胜仗，根本就不理睬他，还趁后金撤退的空当，出城抢了一堆武器回来。

第十三章　从沈阳到坟墓

二十七日撤退。三月九日，努尔哈赤回到了东京（辽阳附近，今天的沈阳），心里很郁闷。

能不郁闷吗？他对手底下的人说："我从 25 岁开始就打仗，从来就没有打输过，为什么竟然连小小的宁远都没有打下来？"

原本受了重伤，加上惨败给袁崇焕，再加上被袁崇焕言语羞辱，努尔哈赤病了。

最主要的是，随着他进攻宁远的失败，很多危机开始暴露。

战争是最好的转移矛盾的办法，但也是很多矛盾出现的原因。

因为战争，他死了很多人，缺粮缺衣的问题得到了缓解。

因为战争，很多敌对势力开始膨胀。

最危险的，就是蒙古。

最后的礼物——蒙古

蒙古这个民族，当时四分五裂，互相打个不停。当然进攻明朝的时候大家都很团结。而后金的建立也成了蒙古各部落的心腹大患。

这一次后金输给了明朝，这些蒙古人开始变得更有侵略性。

因为他们知道努尔哈赤受伤了，生病了，不会来管他们了。

错了，努尔哈赤是受伤了，也的确生病了，可是努尔哈赤还是来了。

努尔哈赤或许是知道自己已经活不了多长时间，所以回到都城东京不到一个月的时间，便立刻率军攻打蒙古。

蒙古喀尔喀部落一直对后金阳奉阴违，努尔哈赤的第一个对象就是喀尔喀部的巴林部。

1626 年（明天启六年，后金天命十一年）4 月，努尔哈赤亲率大军出征蒙古，很快就击溃了巴林部。

在明朝损失的东西，努尔哈赤要在蒙古人身上捞回来。努尔哈赤率自己的军队进行了自己一生中最后一次抢劫。

他带兵洗劫了蒙古各部，一路上遇到的人、畜、财物全部放进自己的口袋。

半个月的抢劫，一共抢到人畜六万多，同时还收服了喀尔喀部。

眼看喀尔喀部落的惨状，科尔沁部害怕了。科尔沁部也不是什么好鸟，当年九部联军的时候，科尔沁就是其中的积极分子。

可是时过境迁，现在的努尔哈赤动动手指头就能把科尔沁玩死。于是，6月，科尔沁首领主动前往努尔哈赤的家中，表示愿意和努尔哈赤永远和好。

果然，由于后金国乃至后来的清朝一直坚持了努尔哈赤的政策，皇族不断地联姻，直到晚清，蒙古族也始终没有背叛，已经快要死去的努尔哈赤给他的子孙们留下了最后一份礼物——蒙古。

和科尔沁结盟一个月后，努尔哈赤的伤势恶化，而且背上还长了毒疮，被迫前往清河的温泉疗养。

他活着离开了沈阳，死着回来。

8月，努尔哈赤感觉到已经命不长久，而他的继承人还没有决定，他只好拖着病重的身体乘船沿太子河南下，在距离沈阳四十里一个叫做叆鸡堡的地方离开了人世。后来被安葬在沈阳的东边，现在叫做“福陵”。

是年，公元1626年，他六十八岁。在当时的社会环境中，已经算是高寿。

他出生的很普通，死的也很平常。

最后的遗憾——汗位

努尔哈赤就这样死了，他的继承人还没有决定，他很多年以前曾经指定他的大儿子褚英作为继承人，可是因为褚英的野心而最终将他废除，甚至于杀死。

他也曾让他的二儿子代善尝试执政，可是代善有时候优柔寡断，有时候却又心狠手辣，因此最终也没有成为继承人。

剩下的儿子里面，皇太极一直表现出色，是冠军的有力争夺者，可是多尔衮也逐渐显示出极强的能力。

努尔哈赤犹豫不决，没有等到他回到沈阳，他就死了。

汗位，空缺了。

宫廷里，必然会出现动荡，所有人都想当大汗，无论是谁，面对这个巨大的诱惑，都会垂涎不止。

后金的宫廷，注定不会平静。

没有选定继承人，是努尔哈赤最后的遗憾。

最后的倾诉——功过

评价一个人，尤其是一个历史人物，难度实在太大。

我们姑且从一个历史事件谈起。

1559 年，努尔哈赤刚刚出生，这一年，欧洲刚刚结束了一场很重要的战争，这就是 1494 到 1559 年的意大利战争，这场战争和本书原本没有关系。

唯一有关系的是，在意大利战争中，火器得到了广泛的应用，尤其是火炮首次出现在野战当中。

这一年，努尔哈赤和火炮同时降生在这个地球上，68 年过后，和它相遇在中国的东北。

不是朋友，而是对手。

火炮与爱新觉罗家，首先以敌人的身份相遇（宁远之战），后来又是以朋友的身份并肩（皇太极用火炮攻打明朝），最后，还是以敌人的身份决裂（1840 年，英国用火炮敲开了中国的大门）。

我们不知道，在清朝三百年的历史里，火炮为何没有进步。

从这一点来看，努尔哈赤建立后金，是完全的失败。

但是这不能责怪努尔哈赤，除了被火炮打败，努尔哈赤和火炮没有关系。

只是有一点可以肯定，努尔哈赤的国家没有先进性可言。

一个人，分为能力和品格。

从能力上来看，努尔哈赤是一代枭雄。他统一了女真，又把女真人从原始社会推进到奴隶社会。他还开发了东北。

但是，我们也应该看到，努尔哈赤的成功，很多时候不是他的强大，而是他的对手愚蠢。

如果熊廷弼没有被撤职，如果孙承宗没有回老家，如果高第没有解散关锦防线……

当然，这都是如果，如果如果，就没有如果。因为事实上努尔哈赤赢了。

虽然努尔哈赤的能力很强，但是从道德上来说，努尔哈赤是一个小人。

杀一人是贼，屠万人是雄！窃钩者诛，窃国者侯！

这是两个很残酷的幽默。

从正面来说，努尔哈赤完成了一个地区的统一。

从反面来说，努尔哈赤让无数人成为了奴隶。

他的“七大恨”没有一个能够让人信服。

他的血腥政策让无数人成为他的刀下冤魂。

他不是先进历史的代表，不是所有人都能站在历史的制高点。

他冲击了腐败的明王朝，可是明王朝的腐败和他有什么关系？他是抱着挽救汉人于水火的目的来的吗？

努尔哈赤在东北，掳走所有的人口，洗劫所有能搬走的东西，这样的人物我们称他为历史进步的代表，那么，谁能告诉我们，究竟什么才是进步？

更可笑的是，有一种论调表示，这符合了满族人民反抗压迫的要求。请问各位，明朝是什么社会？后金又是什么社会？一个封建社会的压迫难道比一个奴隶制社会的压迫更残酷？要知道，满族的成员可不只有女真人，也有汉人，也有蒙古人。

如果说他是满族的英雄，那么他就是汉族的仇敌，如果说他是中华民族的英雄，我只能说很遗憾。

努尔哈赤，只是一个枭雄，不是一个伟人。